고수의 생각법

고수의 생각법

한국 최고의 승부사 조훈현의 삶의 철학 ───────

조훈현 지음

INFLUENTIAL
인플루엔셜

이세돌과 알파고의 대국이 있던 그날, 곧 닥칠 지각 변동을 전혀 모른 채 느긋하게 소파에 앉아 TV 중계 시작을 기다리고 있었다. 음료를 가지고 옆에 와 앉은 아내에게 말했다.

"이런 거저먹는 대국에 상금 10억이라니, 이세돌 구단이 용돈을 거하게 받네."

AI가 놀랄 만한 속도로 인간의 바둑을 따라잡고 있다는 건 알았다. 인간이 핸디캡을 안고 시작해도 거뜬하던 AI와의 대국은 한 세대도 지나지 않아 순식간에 격차가 좁혀졌고 2015년에는 심지어 대등한 조건에서 AI가 유럽 챔피언인 판후이(樊麾)를 이겼다. 그래도 나는 AI가 세계 정상의 프로 기사를 뛰어넘으리라고는 상상도 하지 않았다. 인간의 가장 오래된 놀이라고 불리는 바둑, 그 긴 시간을 지나면서도 한 번도 같은 대국은 없었다는 바둑, 경우의 수가 거의 무한에 가까워 '반상 위의 우주'라고 불리는 바둑이 아닌가. 그 무수한 변수를 뚫고 인간만의 직감과 창의성을 기계가 읽어내는 건 불가능하다고 생각했다.

그러나 이세돌과 알파고의 대국 한 판에 바둑 불가침의 아성은 완전히 무너졌다. 모든 수를 순식간에 계산하는 컴퓨터의 바둑은 승부를 겨룰 수준을 넘어섰다. 이세돌이 나름 선전했지만 이미 인간 대 컴퓨터의 판세는 돌이킬 수 없었다. 얼마 지나지 않아 반대로 컴퓨터가 핸디캡을 가지고 인간을 상대하게 됐다. 나도 궁금한 마음에 몇 번 컴퓨터에게 도전장을 내밀어봤으나 번번이 판의 중반부에 들어서기도 전에 패색이 짙어졌다. 어쩔 수 없다는 걸 알면서도 공연히 부아가 나서 새로운 도전은 금방 그만두었다.

그날 이후 나는 많은 자리에서 AI에 대한 질문을 받는다. 단순하게는 이세돌과 알파고의 대국에 대한 평가부터 AI가 마침내 바둑마저 정복한 이 시국에 인간이 나아갈 길을 묻는 거시적인 질문까지, 거의 모든 인터뷰 자리에서 이 변곡점을 언급한다. 그에 대한 나의 대답은 간단하다.

"인간은 기계를 이길 수 없어요."

남다른 통찰을 기대했는지 종종 상대방의 얼굴에 당황한 빛이 보이지만, 오히려 나는 묻고 싶다. 인간이 기계를 이길 필요가 있을까?

사실 기계가 인간을 앞지른 일은 수없이 많았다. 직관적으로는 자동차가 있다. 아무리 초인적인 사람이라고 해도 절대 달리는 자동차를 추월할 수 없다. 세상에 나온 지 얼마 되지 않아 자동차는 인간의 이동 패턴을 뒤바꿔놨고, 일자리를 빼앗긴 마부와 말똥 청소부를 포함해 많은 이가 변화 속의 미래를 막연히 두려워했다. AI 시대를 직면하며 불안해하는 지금 사람들처럼 말이다. 그러나 결국 사람들은 변화에 적응하여 살 방법을 찾아냈다.

세상은 변한다. 이 책의 초판이 출간된 2015년부터 지금까지 많은 것이 변했다. 이번 에디션을 준비하며 책의 곳곳을 들여다보고 수정할 수밖에 없었다. 내 상황도 변한다. 책에 기록된 내 기억들이 생경하게 느껴지기도 했다. 그러나 돌이켜보면 지난 8년만 그랬던 것이 아니다. 나는 일평생 예측 불가한 변화를 겪으며 살았다. 바둑을 공부하러 어린 나이에 일본 유학길에 올랐고, 국방의 의무로 인해 일본에서의 밝은 청사진을 모두 접고 다시 한국으로 돌아와야 했다. 내 손으로 한국 바둑의 위상을 세계 정상에 올려놓기도 했지만 바로 다음 해부터 직접 기른 제자에게 타이틀을 하나하나 뺏겨 무관 신세가 되기도 했다. 그때마다 나를 잡아 일으켰던 생각은 하나다. 지금 내가 할 수 있는 일에 전심을 다해 몰두하자.

바둑에서도 지금 바로 둘 수 외에 다른 것들에 생각을 빼앗기면 안 된다. 상대가 얼마나 강하고, 이번 대회가 어떤 의미인지 등은 염두에 둘 사항이긴 하지만 내 생각과 에너지를 집중할 곳은 아니다. 이런저런 상황 때문에 내가 질 거라고 생각하고 임하면 절대로 이길 수 없다. 그저 지금 둘 수 있는 최선의 수가 무엇인지만을 온 힘을 다해 고민해야 한다. 그런 사람만이 판세를 뛰어넘는 묘수(妙手)를 떠올릴 수 있다.

모두 각자 인생의 판이 있을 것이다. 조훈현의 인생과는 분명 다를 것이니 사실 내가 해줄 수 있는 말은 별로 없다. 그러나 하나만은 분명하다. 우리는 누구나 자신만의 도(道)를 만들어가고 있다. 그건 아무도 대신해줄 수 없는 일이다. 직접 길을 찾고 최선을 다해 한 걸음 앞의 길을 닦아가야 한다. 모든 길이 탄탄대로는 아닐 것이고, 다 부와 명예에 이를 수는 없다. 그러나 다른 사람의 도를 탐내느라 내 도를 도외시하지는 말아야 한다. 모든 사람은 자신만의 길이 있고, 오늘 힘을 내서 한 걸음을 내디디면 어제보다는 확실히 더 나아갈 수 있다.

내 눈앞에는 19줄 반상이 항상 떠 있었다. 길거리에서도, 잠자리에서도, 밥상 앞에서도 내 머릿속은 온통 바둑뿐이었다. 그럼에도 되돌아보면 바둑을 더 열심히 공부하지 않은 것이 후회된다. 중요한 대국에서 저지른 결정적 실수보다, 정점을 맛보자마자 다른 사람도 아닌 제자에게 패배의 쓴맛을 봐야 했던 얄궂은 운명보다, 내 길에 조금 더 힘을 쏟지 못한 것이 아쉽다.

그래도 이만큼이라도 내 길에 정진할 수 있었던 것은 스승님들의 삶 덕분이다. 그분들을 곁에서 지켜보며 자신만의 길을 묵묵하고도 뜨겁게 나아가는 정신을 배웠고, 살면서 몸소 체득했다. 부족하지만 내 인생, 고민, 깨달음, 모든 생각이 누군가에게 그런 거름이 되었으면 한다. 이 책이 조금이나마 보탬이 되어 독자들이 모두 자신만의 도를 찾게 되기를 바란다.

2023년 여름, 조훈현

바둑판에서 배운 생각의 힘

나는 바둑 하나밖에 모른다. 만 다섯 살 때 아버지 손에 이끌려 목포에 있는 유달기원의 문턱을 넘었던 그날부터 환갑이 훌쩍 넘은 지금에 이르기까지, 내가 아는 건 오로지 바둑이다.

나는 학교도 듬성듬성 다녔고 조직 생활도 한 적이 없다. 바둑과 관련된 사람 이외에는 아는 사람도 별로 없다. 대부분의 사람들이 겪는 인생의 경험들, 즉 학업 경쟁, 취업 경쟁, 진로 고민, 짜릿한 사랑, 직장생활의 힘겨움 등을 나는 알지 못한다. 이런 내가 삶에 대해서, 인생에 대해서 말하려 하니 걱정이 앞선다.

하지만 그렇다고 내가 인생을 모른다고 생각하지는 않는다. 나는 바둑밖에 몰랐지만 그 안에서 뜨거운 열정과 사랑을 경험했고, 희망과 절망, 성공과 실패, 음모와 배신까지도 경험했다. 남들이 보기에는 바둑판만 끌어안고 사는, 따분하고 고요한 인생이었을지 몰라도 내 머릿속만큼은 누구 못지않게 요동치는 파란만장한 인생을 살았다.

나는 아주 어린 나이 때부터 남의집살이를 했고, 열한 살 때부터 열여덟 살 때까지는 부모님 없이 타국 생활도 했다. 젊은 나이에 국내 대회를 석권했고, 세계 최고의 자리에도 올랐다. 하지만 불과 마흔셋에 제자에게 모든 타이틀을 빼앗기는 쓰라리면서도 행복한 경험을 했다. 나는 바닥까지 떨어졌다 다시 올라서고, 또 떨어지고 올라서기를 반복했다. 이기고 지는 데에 이골이 날 만도 한데 아직도 패배의 아픔은 무뎌지지 않는다. 늙어가는 지금은 실수가 잦아져 이기는 날보다 지는 날이 많아졌다.

그럼에도 나는 여전히 바둑을 두고 있다. 예전에는 이기기 위해서 바둑을 두었는데, 이제는 이기고 지는 것과 상관없이 그저 바둑을 둘 수 있다는 게 좋아서 둔다. 타고난 승부사로 불렸던 나지만, 멀찍이 떨어져서 보니 인생에서 승패란 그리 중요하지 않다는 생각이 든다. 정말 중요한 것은 결과가 어떠하든 최선을 다하면서 내 갈 길을 가는 것이다.

바둑계에는 나처럼 일인자가 되어 자신의 존재를 증명한 사람도 있지만 평생 이인자에 머무르는 사람도 있고 이름 한 번 떨쳐보지 못하고 끝나는 사람도 있다. 마치 야구 선수가 평생 2군에서만 활동하거나 후보 선수로 머무는 것과 같다. 이런 사람이라고 인생이 의미가 없을까? 결코 그렇지 않다. 이런 사람도 비록 이기지는 못했더라도 이기기 위해 최선을 다했다면, 그것으로 성공한 인생을 산 것이다.

사는 곳이 천국이 되느냐 지옥이 되느냐는 마음먹기에 달려 있다는 말이 있다. 젊은 시절에는 이런 말을 믿지 않았는데 지금은 믿는다. 나 자신이 오로지 생각 하나 바꾸는 것으로 삶이 달라지는 경험을 여러 번 했기 때문이다. 이창호에게 타이틀을 빼앗겼을 때는 너무나 괴로웠지만, 어차피 빼앗길 타이틀이라면 내가 직접 키운 제자에게 빼앗기는 게 낫다는 생각이 들자 거짓말처럼 괜찮아졌다. 모든 타이틀을 다 빼앗기고 예선에서조차 탈락했을 때에는 이제 바둑을 그만둬야 하나 고민할 정도로 흔들렸지만, 여기가 바닥이니 올라갈 일만 남았구나 생각하니 마음이 그렇게 편안해질 수 없었다.

결국 생각이다. 인생은 좋은 날만 이어지는 법이 없다. 좋은 날과 나쁜 날이 번갈아가며 파도처럼 밀려온다. 우리가 아무 걱정 없이 행복해할 수 있는 날은 아무것도 모르던 유아기를 제외하면 평생 다 합쳐도 며칠 되지 않을 것이다. 산다는 것 자체가 시련이고 고통이기 때문이다. 그렇다면 이 길고 끝없는 고통의 나날을 어떻게 보낼 것인가. 그것은 생각밖에 없다. 긍정적이고 창의적인 생각, 주변에 흔들리지 않는 나만의 확고한 생각, 우리 인생을 좀 더 가볍고 즐겁게 꾸려나갈 수 있는 생각으로 하루하루를 채워나가야 한다.

그런데 우리는 오히려 생각 때문에 더욱 힘든 삶을 살고 있다. 별것 아닌 일에 속상해하고, 일어나지도 않을 일에 대해 걱정을 한다. 작은 실패에 연연하며 사소한 일에 좌절하고 상처를 입는다.

그러니 앞으로 남아 있는 나날을 위해서, 지금 우리가 해야 할 일은 생각을 바꾸는 것이다. 생각하는 방식을 바꾸는 것이다. 실패를 딛고 일어설 수 있는 긍정적인 생각, 항상 옳은 쪽을 선택할 수 있는 건강한 생각, 남과 다르게 받아들이는 창의적인 생각을 길러야 한다.

생각을 바꾸는 건 그저 마음만 고쳐먹는 것에서 끝나지 않는다. 놀랍게도 생각을 바꾸면 행동이 바뀌고, 심지어 결과까지 달라진다. 개인의 역량을 최대치로 끌어올릴 수 있는 가장 강력한 힘이 바로 생각인 것이다.

비록 바둑판에서 얻은 깨달음이지만 나는 어느 인생이나 근본은 같다고 생각한다. 우리 모두 언제 죽을지 모르는 살얼음 같은 바둑판 위를 한 발 한 발 걷고 있다. 생각의 위대한 힘으로 최선을 다해 자기만의 바둑을 두자. 자신의 영토를 최대로 넓히자. 신중하게 포석(布石)하고 거침없이 공격하되 치열하게 방어하자.

죽을힘을 다해 싸웠다면, 그것으로 우리는 이긴 것이다.

2015년 여름, 조훈현

차례

1단

생각 속으로 들어가라

날 살린 건 내 생각이었다

　1989년 9월 5일 오전 9시 30분, 나는 싱가포르의 한 호텔 방 침대 위에 우두커니 앉아 있었다. 아침으로 뜨거운 스프와 빵 몇 조각을 들이켰지만 아무 맛도 느낄 수 없었다. 싱가포르에 들어서자마자 걸린 감기 때문인지 온몸이 예민해져 있었다. 곧 마지막 결승전이 시작된다. 침은 마르고 속은 타들어갔다.

　잉창치배(應昌期杯) 최종 결승 5국. 눈을 감고 호흡을 가다듬었다. 길게 날숨을 내쉬자 지난 몇 개월간의 일들이 주마등처럼 스쳐 지나갔다. 한국 선수로서 유일하게 얻은 출전 티켓, 막판까지 몰렸던 고바야시 고이치(小林光一)와의 8강전과 린하이펑(林海峰)과의 4강전, 중국에서 보냈던 지옥 같았던 열흘, 그리고 기적처럼 무승부를 만들어낸 며칠 전의 4국에 이르기까지…….

잉창치배는 대만의 부호인 잉창치가 사재를 들여 만든 세계 프로바둑선수권대회다. 내가 결승에 진출한 1989년이 제1회 대회였다. 비슷한 시기에 일본에서도 최초의 세계대회인 후지쯔배(富士通杯)를 만들었지만 잉창치배는 의미가 좀 남달랐다. 4년마다 열리는 '바둑 올림픽'인데다 상금 규모가 무려 40만 달러에 이르렀기 때문이다. 사상 최대 규모의 상금을 누가 가져가느냐에 세계의 이목이 집중되고 있었다.

사실 잉창치배는 처음부터 중국 바둑을 위해 만든 대회였다. 중국은 바둑 종주국으로서 자부심이 대단했지만 늘 일본 바둑의 그늘 아래 있었다. 그런데 1985년 시작된 중·일 슈퍼대항전에서 이변이 일어났다. 중국 기사 녜웨이핑(聶衛平)이 일본의 초일류 기사들을 상대로 1~3회 대회를 통틀어 무려 11연승을 거둔 것이다.

이 기세를 몰아 중국은 잉창치배를 통해 어느 나라가 바둑 최강국인지를 확실히 보여주고자 했다. 콧대 높은 일본 바둑을 꺾고 마침내 세계 최고의 바둑 강국으로 우뚝 서려고 한 것이었다. 참가하는 기사들의 면면을 봐도 중국인이 절반이고 나머지 3분의 2가 일본인, 한국인은 나와 조치훈 9단이 유일했다. 하지만 조치훈 9단은 일본기원 소속이니 실질적으로 초대받은 한국 기사는 나 혼자뿐이었다.

나는 중국과 일본 간의 결투에 초대받은 일종의 들러리였다. 그것도 올 테면 오고 말 테면 말라는 식으로 던져준 초라한 초대였다. 기분이 좋지 않았다. 하지만 가지 않을 수는 없었다. 처절하게 깨지고 돌아오더라도 가서 배워야 할 때였다.

그런데 아무도 예상하지 못한 일이 일어났다. 그저 구색을 맞추는 들러리에 불과했던 내가 결승에 진출하게 된 것이다!

이제 사람들의 관심은 중국이냐 일본이냐가 아니라 중국이냐 한국이냐로 옮겨갔다. 중국은 주최국의 자존심을 걸고 꼭 이겨야만 했고, 한국은 그동안의 바둑 변방의 이미지를 씻고 세계 바둑의 중심으로 진입할 절호의 기회를 잡아야 했다.

결승은 5판 3승. 4강전이 끝나고 무려 5개월의 긴 시간 뒤에야 시작되었다.

결승 대국을 몇 주 앞두고 있을 때, 갑자기 주최 측에서 통보를 해왔다. 다섯 번의 결승 대국을 모두 중국에서 진행하겠다는 것이었다. 있을 수 없는 일이었다. 한 사람의 안방에서 다섯 판을 전부 두라는 건 다른 한 사람에게 그냥 지라는 소리나 마찬가지였다. 우리는 강력히 항의했다. 결국 주최 측이 한 발 물러나 중국에서 세 판, 제3국에서 두 판을 두기로 합의했다.

하지만 이것조차도 나에게 매우 불리하다는 걸 중국으로 가는 길에 깨달았다. 당시 중국은 우리에게 '중공'이라 불리던 매우 꺼림칙한 나라였다. 서로 수교도 맺지 않았으니 직항 노선이 있을 리 만무했다. 홍콩에 가서 비자를 받고 거기서 다시 항공, 선박, 열차 등 온갖 교통수단을 동원하여 만 이틀 만에 겨우 중국 항저우에 도착했다. 호텔에 도착하여 짐을 풀고 나니 넋이 다 빠져나갈 지경이었다.

게다가 나를 더욱 조여온 건 중국의 분위기였다. 처음 공항에 내릴 때부터 공기가 살벌했다. 활주로에 미그기 편대가 줄지어 서 있고 공안이 도처에 깔려 있었다. 호텔은 넓고 쾌적했지만 그 무겁고 답답한 공기만큼은 어쩔 수가 없었다. 산책이나 외출을 하면 그림자처럼 공안이 따라붙었다. 저녁 6시만 넘으면 칠흑처럼 까만 어둠과 무섭도록 고요한 정적이 찾아왔다. 숨이 막혔다. 대국에 대한 부담감보다 환경이 주는 압박감이 나를 힘들게 했다.

이런 와중에 첫 대국이 벌어졌는데, 다행히 내가 이길 수 있었다. 내가 잘 두었다기보다는 녜웨이핑의 컨디션이 말이 아니었기 때문이었다. 그는 중국인들의 기대를 한 몸에 받느라 극심한 중압감에 시달리고 있었다. 게다가 심장이 약한 사람이라서 대국 중에 응급 상황이라도 벌어질까 봐 늘 산소마스크를 옆에 대기시켜놓고 있었다.

며칠 간격으로 이어진 제2국과 제3국은 녜웨이핑의 승리였다. 숨 막히는 중국의 분위기가 내 목을 조여왔던 것이다. 일주일이 넘어서자 어서 빨리 중국을 떠나지 않으면 정신이 분열될 것만 같았다. 실력 차이가 아니었다. 중압감을 이겨내지 못해서 내리 두 판을 지고 말았다.

녜웨이핑의 2승에 중국 전역은 축제 분위기에 휩싸였다. 나는 조용히 떠날 준비를 했다. 그런데 중국은 떠나는 날까지도 나를 쉽게 놓아주지 않았다. 홍콩으로 빠져나가려는데 서류 문제로 발목이 잡힌 것이다. 이러다간 중국에 아예 갇혀버리는 게 아닌지 불안했다.

천신만고 끝에 겨우 홍콩행 선박에 올라탔다. 그제야 겨우 뇌 속으로 신선한 산소가 공급되는 것 같았다. 살았구나!

마지막 두 판은 그로부터 4개월 후에 싱가포르에서 벌어졌다. 이미 대세는 녜웨이핑의 승리로 기울어져 있었다. 만찬석 상에서 보여준 그의 태도도 자신만만했다.

"중국인이 주최하는 최고의 대회에서 중국인이 우승하는 것이 당연하다. 내 목표는 우승컵이다!"

나의 목표는 전혀 달랐다. 절대로 쉽게 승리를 내주지는 않으리라. 마지막 다섯 판까지 채우고 말리라. 그러려면 반드시 4국을 이겨야 했다. 막상 마주 앉아보니 만찬석상에서의 자신만만한 모습과는 달리 녜웨이핑도 나 못지않게 부담감이 큰 것을 느낄 수 있었다. 실력은 비슷했다. 누가 정신을 차리고 버티느냐가 승자를 가릴 것이었다.

나는 2국 때 패배했던 포석*을 그대로 들고 나갔다. 그때의 실수를 되밟지 않는다면 이길 수 있을 것 같았다. 서로 팽팽하게 돌을 주고받는 시간이 초조하게 이어졌다. 흑을 놓으면 흑이 우세해 보였고 백을 놓으면 백이 우세해 보였다.

마침내 기회가 왔다. 바둑판에 거의 빈칸이 보이지 않을 무렵에 그가 사소한 실수를 범했던 것이다. 나는 그 타이밍을 놓치지 않고 곧바로 끝내기 수를 놓았다. 대국이 끝나고 계가(計家)**를 해보니 나의 한 집 승.

다섯 판까지 가는구나! 다른 무엇보다 이것이 기뻤다. 패배보다 부끄러운 건 포기하는 모습을 보여주는 것이다. 적어도 한국의 전관왕이 중국 최고의 기사에게 비겁하게 졌다는 소리는 듣고 싶지 않았다.

* 　대국 초반에 돌을 바둑판 여기저기에 벌여놓는 일.
** 　바둑을 다 둔 뒤에 이기고 진 것을 가리기 위해 집 수를 헤아리는 일.

이제 승부는 원점으로 돌아갔다. 과거의 네 판은 아무 의미가 없어졌고 오직 마지막 한 판으로 세계 챔피언이 결정될 것이었다. 녜웨이핑 역시 나만큼이나 극도의 중압감에 시달리고 있었다. 그가 단 한 번이라도 흔들린다면, 단 한 수만 실수를 한다면……. 나는 그것에 희망을 걸었다.

대국이 시작되었다. 녜웨이핑은 바둑판의 중앙에 성을 쌓아나갔고 나는 철저하게 귀를 팠다. 내가 발 빠르게 공격을 하면 그는 방어하면서 두텁게 따라왔다. 그런데 중반부터 내가 흔들리기 시작했다. 갑자기 집중력이 흩어지면서 바둑 수가 보이지 않았다. 상대방이 이를 놓칠 리가 없었다. 그는 난해한 초식(招式)으로 공격을 하며 나를 궁지로 몰아넣었다. 나는 한 수 한 수 아슬아슬하게 방어하며 겨우 목숨을 부지해나갔다. 이대로 끌려다니다 끝날 것인가. 머릿속에서 이제 할 만큼 했으니 돌을 던지고 편하게 쉬라는 속삭임이 들려왔다. 고개를 들어 녜웨이핑의 얼굴을 보는 순간, 정신이 번쩍 들었다. 그는 정말 돌을 놓을 때마다 숨을 멈춰가면서 바둑에 집중하고 있었다. 심장이 약한데다 꼭 우승해야 한다는 중압감에 둘러싸여 힘든 걸로 말하자면 나보다 몇 갑절 더할 텐데도 그는 꿋꿋이 버텨내고 있었다.

정신을 차리자. 아직 바둑은 끝나지 않았다. 나는 다시 정

신을 다잡았다. 집중하자. 생각을 하자. 녜웨이핑이 워낙 고단
위의 수를 두어서 응수를 하려면 초읽기에 몰리기 일쑤였다.

집중, 집중……. 나는 고요한 생각의 결 안으로 들어갔다.
천천히, 천천히……. 거칠었던 호흡이 편안해지는 것이 느껴
졌다. 순간 주변의 모든 것이 사라졌다. 녜웨이핑도 보이지 않
고 진행요원들도 사라졌다. 조바심도 초조함도, 심지어 이기
고자 하는 욕망까지도 사라졌다. 바둑과 나, 단 둘만 남았다.
그 절대적인 고요의 순간, 모든 것이 선명하게 보였다. 그래.
바로 여기구나!

멀리서 아득하게 10초 초읽기의 카운트다운이 들려왔다.
하나, 둘, 셋, 넷, 다섯, 여섯……. 현실감각이 돌아오는 것이
느껴졌다. 일곱을 카운트하는 소리와 함께, 나는 힘차게 돌을
놓았다.

그것으로 모든 것이 바뀌었다. 쫓기던 내가 순식간에 주도
권을 되찾은 것이다. 그때부터는 내가 공격을 하면 그가 궁지
에 몰려 방어를 했다. 하지만 머지않아 그는 더 이상 도망갈
데가 없었다. 145번째 수를 힘차게 놓자 녜웨이핑이 고개를
떨구며 돌을 던졌다.

"이겼다!"

검토실에서 한국 응원단의 함성이 터졌다. 아, 이겼구나. 내

가 이겼구나.

이 날의 승리는 한국 바둑을 단숨에 세계 정상으로 끌어 올린 역사적인 사건이었다. 이후로도 잉창치배 2회 대회에서는 서봉수가, 3회 대회에서는 유창혁이, 또 4회 대회에서는 이창호가 연달아 우승을 하여 바둑 삼국지의 패권은 확실히 한국으로 넘어왔다.

바둑 공부를 하는 사람들은 지금도 이날 벌어진 나와 녜웨이핑의 기보(棋譜)•를 두고 토론을 벌이곤 한다. 서로 엎치락 뒤치락 숨 막히는 혈전을 벌였으며 양쪽 모두에서 보기 드문 어마어마한 수들이 나왔기 때문이다. 특히 후반부에서 밀리고 있던 내가 순식간에 살아날 수 있었던 129수에 대해 지금도 많은 사람이 궁금해한다.

"초읽기에 몰려 있던 순간에 어떻게 그런 수를 생각해낼 수 있었나요?"

나는 대답한다. 그건 나도 알 수 없다고. 나는 그저 생각 속으로 들어갔을 뿐이다. 내가 답을 찾은 것이 아니라 생각이 답을 찾아낸 것이다.

•　바둑을 둔 내용을 기록한 것.

생각은 반드시 답을 찾는다

가끔 이런 생각을 한다. 인간사에서 벌어지는 복잡미묘한 문제들을 바둑판 위의 일로 대입해서 생각해본다면 어떨까. 좀 어렵긴 해도 해결하지 못할 일이 없지 않을까.

바둑은 문제 해결의 연속이다. 대국을 벌이게 되면 먼저 머릿속으로 판을 그려야 하고 이기기 위한 계획을 세워야 한다. 하지만 바둑은 절대로 처음 생각했던 대로 풀리지 않는다. 상대방 역시 이기기 위해 똑같이 치밀하게 판을 그리고 계획을 세우기 때문이다. 그래서 바둑판 위에서 우리는 끊임없이 태클을 당한다. 예상하지 못한 문제가 발생해서 궁지에 몰리기도 하고, 살기 위해서 모든 수단을 다 동원해야 한다. 한 수 한 수마다 목숨이 걸린 문제가 생기는 곳. 바로 바둑판 위다.

그런 의미에서 모든 프로 기사는 늘 구사일생의 삶을 살아가는 문제 해결의 고수다. 기본적으로 우리는 어떤 문제든 해결할 수 있다는 자세로 세상을 바라본다. 아주 어릴 때부터 수많은 난제에 부딪치며 살아왔고, 결국에는 그들이 해결되는 것을 보았기 때문이다. 때로는 스스로 풀지 못하는 것도 있지만, 꼭 내가 아니더라도 누군가는 반드시 그 문제를 풀고야 만다. 그러니 세상사를 바둑판이라고 생각한다면 풀지 못할 문제는 없다. 문제는 반드시 해결된다. 해결될 때까지 붙들고 늘어지는 근성만 있으면 된다.

그 근성이란, 바로 생각이다. 해결할 수 있다는 긍정성. 반드시 해결하겠다는 의지. 그리고 해결 방법을 모색하는 데에 필요한 모든 지식과 상식, 체계적인 사고, 창의적인 아이디어. 이 모든 것을 포괄하는 개념을 나는 '생각'이라고 부르고 싶다. '바둑적 사고법'이라고 불러도 될 것이다. 바둑 기사의 마인드야말로 이러한 요소를 두루 갖추고 있기 때문이다.

만약 세상사가 바둑판과 같다면, 삶에서 일어나는 모든 일은 해결할 수 있는 문제다. 당장은 도무지 실마리가 보이지 않고 건드리면 건드릴수록 악화될 것처럼 보이지만, 의지를 갖고 바라본다면 해결책은 반드시 있다. 물론 그 해결책이라는 것이 항상 원하는 결과를 가져다주지는 않는다. 최상이 아니라면 최선을 위해 노력하고, 그것도 아니라면 차선이라도 선택해야 한다. 혹은 양보와 타협을 하거나 깨끗이 포기하고 다른 목표로 옮겨가는 것 역시 일종의 해결책이다.

중요한 것은 이 과정을 날벼락처럼 맞는 것이 아니라 스스로 주도해야 한다는 점이다. 많은 사람이 문제가 생기면 그것에 적극적으로 맞서지 않고 회피하고 외면한다. 해결하려고 노력하기 이전에 먼저 지쳐버려서 될 대로 되라는 식으로 행동한다. 바둑으로 치자면 위기에 몰린 상황에서 아무 생각 없이 아무 데나 돌을 놓는 것이나 마찬가지다.

그러나 바둑 기사들은 절대로 이렇게 행동하지 않는다. 초읽기에 몰리는 한이 있더라도 끝까지 집요하게 다음 수를 고민한다. 설사 끝이 보이는 바둑이라 하더라도 돌을 던지기 전까지는 한 수 한 수 최선을 다 한다. 호수(好手)가 아니라면 묘수라도, 그것도 아니라면 악수(惡手)나 과수(過手)라도, 치열하게 고민하여 스스로 선택한다.

바둑에는 뜻하는 목표가 있고, 논리가 있고, 게임의 법칙이 있다. 바둑 기사의 마인드는 일종의 지략가다. 전략과 전술을 세워 포석을 하고 끊임없이 판세를 읽으며 한 수 한 수 신중하게 돌을 놓는다.

바둑은 승부가 걸린 게임이다. 그래서 어떤 상황에 처하든 해결하기 위해 갖은 수를 생각해내야 한다. 때로는 벼랑 끝으로 몰리기도 하고, 때로는 함정에 빠져 허우적거리기도 한다. 때로는 스스로 저지른 실수로 큰 희생을 치러야 할 때도 있다. 하지만 그렇다 해도 목표는 바뀌지 않는다. 즉 이기기 위해 끝까지 최선을 다해 싸우는 것이다.

우리 모두는 날마다 생존이라는 삶의 현장에서 자신만의 바둑을 두고 있다. 하루에 한 점씩 바둑을 두었다면 지금 나의 바둑은 어디까지 진행된 것일까? 아직 포석 단계일까? 혹은 이미 절반쯤 진행되었을까? 벌써 마지막 승부수를 향해 달려가고 있는 것은 아닐까?

어디에 있든 스스로 돌을 던지지 않는 한 혹은 판을 모두 채우지 않는 한, 인생이라는 바둑은 끝나지 않는다. 현재 어떤 위기에 있더라도 아직 살아날 희망이 있다. 바둑이 내게 가르쳐준 바에 따르면, 세상에 해결하지 못할 문제는 없다. 집중하여 생각하면 반드시 답이 보인다. 심지어 내가 해결하지 못한 문제조차도 나중에 돌이켜보면 의외의 답이 있었다는 걸 깨닫는다.

문제는 문제가 아니다. 해결하려고 하는 의지, 생각하는 힘이 부족한 것이 문제다. 바둑에서 '어쩔 수 없었다'라는 변명은 통하지 않는다. 실수도 기회도 모두 내가 만든다. 그만큼 승리는 짜릿하고 패배는 아프다. 하지만 그만큼 더 성장한다.

삶은 그 자체로 시련이다. 오로지 생각하는 힘만이 그 시련을 의미 있게 헤쳐 나갈 수 있도록 도와준다. 나는 그 과정이야말로 자기 자신을 발견하고 행복을 찾아가는 길이라고 생각한다.

틀 안에 갇히면 끝장이다

나는 소위 말하는 바둑 신동이었다. 다섯 살 때부터 아버지 바둑에 훈수를 두기 시작했고 기원에 들락거리며 웬만한 어른들을 다 이겼다. 아홉 살 때에 입단대회를 통과하여 세계 최연소 프로 바둑 기사가 되었다.

어른들은 내가 돌을 하나 놓을 때마다 눈이 휘둥그레지며 탄성을 질렀다. 다들 어린 것이 어떻게 저런 수를 생각해내느냐며 신기해했다. 천재라는 소리를 수없이 들었지만, 돌이켜 볼 때 나는 천재도 아니었고 바둑을 잘 알지도 못했다. 나는 그저 생각이 자유분방했던 것이다.

당시 어른들의 바둑은 일본 정석(定石)의 영향을 많이 받고 있었다. 정석이란 예로부터 지금에 이르기까지 공격과 수비에 최선이라고 인정받은 돌의 수순을 뜻한다. 《수학의 정석》처럼 돌을 놓는 데에도 일정한 공식과 패턴이 있다.

하지만 어린아이인 내가 이런 게 있다는 걸 알 리가 없었다. 내가 아는 건 그저 이겨야 한다는 것이었다. 이기는 방법을 찾다 보니 어른들은 생각하지도 못한 이상한 수를 떠올렸던 것이다.

나중에 일본으로 가서 처음으로 정석을 접했을 때, 나는 그동안 내가 둔 바둑이 얼마나 천방지축이었는지를 깨닫고 부끄러움을 느꼈다. 정석은 일종의 기본기인데 그것을 전혀 모른 채 바둑을 둬왔으니 고삐가 풀린 망아지나 다름없었던 것이다. 정석으로 똘똘 뭉친 일본 원생들에게 무참히 깨지면서, 나는 기본기의 중요성을 실감했다.

하지만 일단 기본기가 다져지면, 그때부터는 다시 망아지가 되어야 한다. 바둑은 틀 안에 갇히면 끝장이다. 생각과 생각으로 싸움을 벌이는데 상대가 예측할 수 있는 뻔한 수만 놓는다면 어떻게 이길 수 있겠는가. 막강한 힘을 가지려면 무엇보다도 다르게 생각할 수 있어야 한다.

잉창치배에서 린하이펑과의 준결승 1국 때 나는 '빈삼각'을 두 번이나 두어 화제가 되었다. 빈삼각은 돌 세 개가 직각으로 이어진 모양새로 일반적으로 절대로 두어서는 안 되는 우형(愚形)*의 수로 알려져 있다. 활로가 줄어들어 비효율적이기 때문이다. 오죽하면 행마법에 '빈삼각은 두지 마라'라는 법칙이 있을 정도이다.

하지만 나는 꼭 그렇게만 보지 않았다. 빈삼각 자체만 보면 비효율적이지만 바둑판 전체로 볼 때에는 오히려 위기를 뛰어넘는 묘수가 될 수 있다고 생각했다.

린하이펑과의 대국 때, 바로 이 묘수가 눈에 훤히 들어왔다. 모양새는 빈삼각이지만 위아래로 맞보기**를 만들어 상대의 대마를 끊어버리는 맥점(脈點)이 될 수 있다는 확신이 들었다.

일본 기사라면 빈삼각이라는 사실만으로 그 지점에 착수하지 않았을 것이다. 일본 바둑은 워낙 모양과 원칙을 중요시하기 때문이다. 하지만 나는 그게 무슨 상관이냐고 생각했다. 어차피 승부는 이긴 사람의 것. 과감하게 돌을 놓았다.

전문가들은 이날의 빈삼각에 대해 '한국류(韓國流)의 출발'이라는 황송한 표현을 해주었다. 일본 바둑이 쳐놓은 통제선 밖으로 나가 독자적인 길을 걷기 시작했다는 것이다. 실제로

●   바둑에서 돌이 뭉쳐 능률적이지 못한 형태.
●●   같은 가치를 갖는 두 지점. 이 경우에는 어느 한쪽만 차지해도 손해 보지 않는다.

이후로 한국 바둑은 일본이 만들어놓은 원칙과 금기를 하나 둘 깨뜨리면서 성장하기 시작했다. 우리만의 독특한 사고방식이 세계 최고인 일본 바둑을 뛰어넘을 수 있게 한 것이다.

일본도 인정한 한국류 정석은 기존의 일본 정석과는 여러 면에서 다르다. 일본 정석은 모양이 단순한 선을 이루며 우아한 데 비해 한국류 정석은 괴상한 형태를 이룬다. 도저히 정석이라고 할 수 없는 기괴한 모양이 나온다. 일본 기사들은 처음에는 품위가 떨어진다며 비웃었지만 이런 기괴한 정석에 당하는 일이 잦아지자 당황하기 시작했다.

또한 한국 기사들은 일본 정석이 소용이 없다고 단정한 것조차도 끊임없이 시도하여 활로를 뚫어나갔다. 그러기 위해서 돌의 효율성은 곧잘 무시되었다. 공격을 위해서라면 때로는 낮게 날아 들어가 대량 난타전을 벌이기도 했다. 일본 기사들은 격식에 어긋난다고 생각했지만 우리는 상관없었다. 어차피 이기면 되는 것 아닌가.

이것은 바둑계에 엄청난 패러다임의 변화를 가져왔다. 세계 바둑을 이끌어가던 일본은 바둑을 통해 일종의 미학을 추구하고 있었다. 그들에게 바둑은 '도'이자 '예'였다. 그런데 한국 바둑이 쓰윽 나타나 그런 건 상관없고 그냥 싸우자고 덤벼든 것이다. 바둑이 승부를 겨루는 두뇌 스포츠로 인식되기 시작한 것도 바로 이때부터다.

나는 이것이 우리 한국인의 기질과 무관하지 않다고 생각한다. 한국인은 체질적으로 틀에 박힌 걸 싫어한다. 스포츠를 봐도 야구처럼 변칙이 많거나 축구처럼 규칙이 단순한 것을 좋아하지 룰을 정교하게 지켜야 하는 스포츠는 답답해서 못 본다. 또한 우리는 싸우면 무조건 이겨야 한다는 강한 승부욕을 갖고 있다. 경기를 봐도 효율적으로 탄탄하게 운영하기보다는 그냥 죽기 살기로 투혼을 펼치는 경우가 훨씬 많다. 강한 생존 본능과 승부 근성이 창의적인 사고를 불러온 것이다.

역사를 보면 세상을 바꾼 사람들은 믿고 수용한 자들이 아니라 의심하며 질문한 자들이다. 문제의식을 가지고 사회를 바라본 자들, 그것을 해결하기 위해 치열하게 고민한 자들이 세상을 변화시켰다.

바둑의 발전도 바로 그런 식으로 이루어졌다. 정석대로 놓는 사람들만 있었다면 과연 바둑이 4천 년의 역사를 지나 지금까지도 살아남을 수 있었을까. 기타니 미노루(木谷實), 우칭위안(吳清源), 린하이펑, 고바야시 고이치 등 바둑사의 한 획을 그은 이들은 모두 정석을 뛰어넘어 새로운 수를 찾아냈고, 그들만의 정석을 다시 만들었다. 그 후로 한국 바둑이 바통을 이어받아 새로운 기풍을 주도했고, 이제 중국 기사들도 새로운 정석을 쏟아내고 있다.

변화와 혁명은 바로 이런 식으로 이루어진다. 생각을 하고, 문제의식을 가지고, 싸울 힘을 기른 후, 마침내 도전하여 이기는 것이다. 그 출발은 언제나 남과 다르게 생각할 줄 아는 창의적 사고에서 시작된다.

헤매는 자만이 답을 찾는다

바둑에는 '류(流)'라는 것이 있다. 기사마다 바둑을 두는 기풍(棋風)을 뜻하는 말인데, 여기서 각자의 성격과 추구하는 바가 나타난다.

나의 바둑은 제비처럼 빠르고 화려하다는 평가를 듣는다. 틀에 얽매이지 않고 모험을 무릅쓰는 격렬한 경기를 펼친다는 것이다. 반면에 이창호는 무디고 평범하다는 평가를 듣는다. 상대의 도발에도 무한정 인내하며 묵묵하게 자기 갈 길을 간다. 그래서 그에게는 '돌부처'라는 별명이 붙었다.

서봉수는 진흙탕 싸움을 두려워하지 않는 싸움바둑으로 '잡초'라는 별명을 얻었다. 유창혁은 두텁고 화려한 공격으로

'일지매'라 불린다. 이처럼 고유한 바둑 세계를 구축한 자들은 모두 자신만의 '류'가 있다.

이러한 '류'는 절대적으로 강한 것이 없다. 서로 맞서 싸웠을 때 어느 류에는 강하게 작용하고 어느 류에는 약하게 작용하는 경향이 있지만 꼭 그런 것도 아니다. 모든 류가 강점과 약점을 지니고 있기에 서로 보완하고 발전하면서 끝없이 진화한다.

바둑 기사에게 자신만의 '류'는 일종의 자아다. 바둑을 어떤 식으로 놓는다는 것은 세상을 어떤 식으로 살아가겠다는 나만의 선언이다. 그래서 거장들의 바둑 대결은 이러한 세계관과 가치관의 충돌처럼 다가온다. 바둑이 무려 4천 년을 살아남았고 아직도 건재한 이유는 단순한 게임이 아니라 그 속에서 인생관과 삶의 철학을 읽을 수 있기 때문이다.

그런데 안타깝게도 이제 한국 바둑에서 새로운 류를 발견하는 게 참 어려운 일이 되었다. 신인들이 바둑을 두는 걸 보면, 참 잘 두긴 한다. 그런데 꼭 어디서 본 것 같은 바둑이다. 누군가의 기보, 누군가가 창안한 정석을 그대로 두고 있다는 느낌을 많이 받는다. 이쯤 해서 창의적인 수가 하나 나올 법도 한데 아무리 기다려도 빤한 수만 나온다. 요즘 바둑이 왜 이렇게 재미없냐는 애호가들의 불평이 쏟아진다. 왜 이렇게 되었을까? 나는 그 이유가 교육에 있는 게 아닐까 생각한다.

최근의 바둑 교육은 주입식이다. 주입식은 선생이 붙잡고 하나하나 가르쳐준다. 어떻게든 빠른 결과를 내어 학생과 부모에게 만족감을 주어야 하기 때문이다. 그래서 아이들에게 상상의 자유를 주기보다는 공식을 외우게 한다. 생각하면서 바둑을 두는 것이 아니라 공식대로 두도록 가르친다. 그 결과 아이들의 바둑 시합은 생각을 겨루는 것이 아니라 누가 더 많은 정보를 넣어두었나를 겨루는 시험 같은 것이 되어버렸다. 이런 식의 교육으로는 자기만의 '류'가 나올 수가 없다. 주입식 교육을 받은 아이가 교과서 밖의 지식을 상상할 수 없는 것과 같다. 틀에 박힌 교육은 틀에 박힌 사고 그리고 틀에 박힌 자아를 만든다. 생각이 한정되면 자아도 한정될 수밖에 없다.

내 인생 최대의 행운은 나의 자아를 원형 그대로 보존해준 좋은 스승님을 만난 것이다. 나의 스승님인 세고에 겐사쿠(瀨越憲作)는 우리나라에는 대중적으로 알려지지 않았지만 일본에서는 현대 일본 바둑을 태동시킨 영웅으로 추앙받는 인물이다. 선생님은 평생 딱 세 명의 제자만 받으셨다. 세계 바둑의 흐름을 바꿨다고 평가받는 우칭위안(吳淸源)과 관서기원의 창시자인 하시모토 우타로(橋本宇太郎) 그리고 나,

이렇게 셋이다. 우칭위안은 1930~1950년대 일본 정상급 바둑 기사들과의 '치수고치기 10번기'*에서 모조리 상대의 치수를 고쳐 '기성(棋聖)'으로 추앙받은 인물이고, 하시모토는 1940~1970년대에 걸쳐 본인방전(本因坊戰), 왕좌전(王座戰), 십단전(十段戰), 기성전을 무려 아홉 번이나 우승한 인물이다. 그리고 나는 세계 바둑 올림픽인 잉창치배 1회에서 우승하여 최초의 챔피언이 되었으니 선생님은 제자 세 명을 모두 세계 일인자로 길러내신 셈이다.

나는 열한 살 때 선생님의 생애 마지막 내제자(內弟子)**가 되어 9년을 함께 살았다. 아담한 크기의 일본식 목조주택에 여든이 넘은 선생님과 열 살배기 나 그리고 선생님의 며느님인 마마짱과 나중에 같이 살게 된 아키다 강아지 벵케이, 이렇게 넷이 살았다. 그런데 그 9년 동안 선생님에게 바둑을 배운 적은 그야말로 손가락을 꼽을 정도다. 선생님은 지도 대국에 인색하셨다. 아주 가끔 복기(復碁)***를 시키는 것 외에는 말씀도 거의 안 하셨다.

어린 마음에 서운한 마음이 많이 들었다. 연세가 너무 많

---

* 일본 에도 시대에 시작된 바둑계의 '끝장 대결'로 바둑을 10번 둬서 4판 차이가 나면 치수를 고쳐서(기력 차이를 조정해서) 두는 대결.
** 한집에서 기거하며 가르침을 받는 제자.
*** 두었던 바둑을 다시 처음부터 놓아보면서 평가를 하는 행위.

아서 정신이 어두워지신 건 아닐까, 나를 왜 불러들였는지 잊으신 게 아닐까 걱정을 한 적도 있었다. 하지만 이러한 생각이 잘못되었다는 걸 몇 년이 흐르고 난 후에 깨달았다. 어느 날 저녁 식사 때 선생님이 내 얼굴을 골똘히 들여다보시더니 이렇게 말씀하셨다.

"내가 답을 줄 수 있다고 생각하느냐? 답이 없는 게 바둑인데 어떻게 너에게 답을 주겠느냐. 그 답은 네 스스로 찾아라."

그러면서 덧붙이셨다.

"답이 없지만 답을 찾으려고 노력하는 게 바로 바둑이다."

정말로 9년 동안 함께 살면서 세고에 선생님은 나에게 바둑을 어떻게 두라든지, 그렇게 하지 말고 이렇게 두라는 식의 말씀을 단 한 번도 하신 적이 없다. 내가 밖에 나가서 누구와 어떤 바둑을 두고 돌아다니는지를 뻔히 알면서도 일절 간섭하지 않으셨다. 나는 그야말로 아무 틀 없이 자유분방하게 바둑을 배웠다.

선생이 헤매는 학생에게 답을 알려주는 건 아주 쉬운 해결책이다. 그런데 그렇게 되면 학생은 그 답을 받아먹을 뿐 깨달음을 얻지 못한다. 깨달음은 오직 스스로 생각하는 과정을 통해 얻을 수 있기 때문이다.

세고에 선생님은 바둑을 어떻게 가르쳐야 하는지 정확히

알고 계셨다. 그저 방향만 제시할 뿐 혼자 공부하도록 내버려 두는 게 올바른 바둑 교육이었다. 선생님의 이러한 교육 방식 덕분에 나는 단 하나의 묘수를 찾아내기 위해 수많은 밤을 끙끙거리며 황금 같은 십 대를 보낼 수 있었다.

공식을 외워서 문제를 푸는 건 매우 쉽다. 하지만 그런 방식은 조금이라도 공식에서 벗어난 문제가 나오면 힘을 쓰지 못한다. 반대로 혼자서 실컷 헤매본 사람은 공식 따위는 몰라도 된다. 생각을 하면서 자신만의 해법을 찾아내면 되기 때문이다.

정형화된 바둑 교육을 받아본 적이 없기에 나는 언제나 내 방식대로, 내 마음대로 바둑을 두었다. 그것이 나중에 나만의 공격형 바둑으로 자라서 '제비행마', '마술사', '화염방사기' 라는 독특한 평가를 받게 된 것이다.

생각의 자유를 주면 아이는 스스로 생각한다. 스스로 생각하는 아이는 개성이 강해지고 자아가 단단해진다. 인생을 자신만의 방식으로 이끌어갈 자신감과 확실한 인성이 형성될 수 있다.

생각은 어떤 선택을 해야 하는지, 어느 방향으로 가야 하는지, 그 답을 알려주는 도구다. 생각할 줄 모르는 사람은 일상의 작은 선택마저도 남들의 생각을 물으며 눈치를 보아야 한다. 이래야 할지 저래야 할지 걱정하고 불안해하며 도움을 구해야 한다.

최근 몇 년 사이에 고민을 상담해주는 인생 멘토들이 폭발적으로 많아지고 있는 이유는 뭘까. 그만큼 혼자 힘으로 생각할 수 없는 사람이 많아지고 있다는 증거가 아닐까. 그만큼 불안한 자아를 가진 채 살아가는 사람이 많아지고 있다는 뜻은 아닐까.

사람들은 행복이 돈이나 명예, 성공에서 온다고 생각한다. 하지만 나는 진짜 행복은 단단한 자아에서 온다고 믿는다. 자아는 자존감이다. 자아가 단단하면 어떤 상황에도 흔들리지 않는다. 남들의 시선이나 사회적 잣대에 휘둘리지 않고 신념대로 행동한다.

물론 이러한 자아는 거저 얻을 수 없다. 스스로 생각하는 습관과 자기 성찰, 깊이 있는 사고를 통해서만 얻을 수 있다. 어디 가서도 눈치 보거나 주눅 들지 않고 자신의 소신을 당당하게 밝히고 신념대로 행동하는 사람. 그런 사람이 되려면 스스로 생각할 줄 알아야 한다.

모든 수에 질문을 던져라

"남과 다른 창의적인 수는 어떻게 생각해냅니까?"

이런 질문을 던진다면 프로 바둑 기사들은 아마도 다들 같은 대답을 할 것이다. 문제를 풀기 위해 연구하고 노력하다 보면 어느 날 갑자기 새로운 수가 떠오른다고. 즉 창의적으로 생각하는 법을 알고서 창의적인 수를 찾아내는 것이 아니라 어떻게든 풀려고 노력하다 보니 어느 순간 번쩍 새로운 수가 떠오르는 것이다. 프로 기사들이 초읽기에 몰린 순간에도 기발한 묘수를 떠올릴 수 있는 것은 평소에 문제 해결을 위해 끈질기게 물고 늘어지는 훈련이 되어 있기 때문이다.

그런 의미에서 나는 창의성은 문제를 해결하려는 의지와

끈질긴 탐구심의 결과라고 생각한다. 아무리 태어나면서부터 천재적인 두뇌를 부여받았다고 해도 호기심과 탐구심이 없다면 창의성은 발현되지 않는다.

사람들은 창의적인 생각을 창의성이 있는 사람이나 할 수 있는 것이라고 생각한다. 빌 게이츠나 스티브 잡스 같은 사람, 유명 미술가나 음악가 같은 사람만 창의적인 생각을 할 수 있다고 생각한다. 하지만 창의성은 꼭 뭔가를 발명한다거나 새로운 예술품을 만드는 것만은 아니다. 창의성은 도처에 있다. 나는 우리 아내가 나를 위해 해주는 요리에서도 창의성을 느낀다. 똑같은 음식을 해도 뭔가 다르기 때문이다. 아내가 만든 식혜는 맛도 좋지만 마신 후 속이 편하다. 강정이나 엿 속에서는 다른 데서 느낄 수 없는 개운함이 느껴진다. 뭘 넣었냐고 물어보니 식혜에는 생강을 살짝 넣었고 강정에는 귤껍질을 채로 썰어서 넣었다고 한다.

나는 창의성의 넓은 의미가 '남과 다른 생각'이라고 생각한다. '다른 생각'은 그냥 떠오르지 않는다. 뭔가 문제의식을 느끼고 그것을 해결하려고 애쓰는 과정에서 얻게 된다.

아내가 똑같은 음식을 남과 다르게 할 수 있는 건 어떻게든 더 맛있게, 더 건강하게 먹이고 싶은 마음에서 비롯되는 것은 아닐까. 즉 가족들에게 식혜를 먹이고 싶은데 너무 많이 먹으면 식혜의 찬 성질 때문에 배가 아플 테니까 이걸 해결하기 위해 고민하다가 따뜻한 성질의 생강을 넣는 것을 생각해냈을 것이다. 강정이나 엿은 텁텁해서 금방 물리기에 개운함을 주는 귤껍질을 넣는 것을 생각해냈을 것이다.

창의적인 생각의 과정은 어느 분야나 다르지 않을 것이다. 핵심은 바로 문제의식과 질문이다. 이 문제를 개선할 방법은 없을까? 무엇이 잘못된 걸까? 이렇게 스스로에게 질문을 하고 상식과 지식을 동원하여 추측을 한 후 해결책을 찾아나간다. 그렇게 시행착오를 반복하면서 원하는 결과를 얻어내는 것이 바로 창의성의 과정이다. 따라서 창의적인 사람이 되고 싶다면 무엇보다도 문제를 해결하려는 의지가 강해야 한다. 그리고 스스로 끊임없이 더 나은 방법은 없는지 질문해야 한다.

창의성의 기본적인 출발점은 바로 '질문'이다. 질문은 호기심이 많은 사람이나 문제나 결핍 등에 예민한 사람이 한다. 즉 문제가 눈에 보이면 해결하지 않고는 못 배기는 사람이 질문을 하는 것이다. 그런 의미에서 창의력의 실체는 창의적인 능력이 아니라 뭐든 의문이 생기면 '풀지 않고는 못 배기는 성격'에 있는지도 모른다.

바둑 고수들을 보아도 그렇다. 바둑에 관한 한 우리는 절대로 궁금한 것을 못 참는다. 풀지 못하는 수를 만나면 밥 먹는 것도 잊어버린다. 길을 걸으면서도, 볼일을 보면서도, 심지어 잠을 자면서도 그 생각뿐이다. 과감하게 동료 기사를 찾아가서 도움을 구하는 경우도 많다. 머리를 맞대면 훨씬 빠르게 문제를 풀 수 있기 때문이다.

어느 날 한국기원 사무실로 들어가는데 루이나이웨이(芮乃偉) 9단과 우연히 마주쳤다. 그녀는 나를 보더니 반갑게 다가와 그림 하나를 내밀었다.

"여기 이 정석에서 돌의 수순을 이렇게 바꿀 경우 다음 전개가 어떻게 될까요?"

그것은 바둑 기사들이 흔히 알고 있는 '고바야시 정석'•이었다. 정석은 오랜 시간 검증을 거쳐 가장 모범적이라고 인정된 것이기에 좀처럼 의심을 하지 않는 법이다. 그런데 루이 9단은 뭔가 석연치 않은 모양이었다. 돌 하나를 바꿈으로써 우리가 믿어온 고바야시 정석이 무너지는 건 아닌지 고민하고 있었다.

루이 9단은 중국의 여류 바둑 기사로 1988년 여성으로서는 세계 최초로 9단에 오른 인물이다. 온화하고 차분한 성격의 소유자이지만 그녀의 바둑 인생은 굴곡이 많았다. 중국기원과의 불화 때문에 쫓겨나다시피 조국을 떠나 일본과 미국을 떠돌며 무려 10년 동안 바둑을 두지 못했던 것이다. 다행

•   고바야시 고이치가 자주 쓰던 수로 기존 정석에서 변형된 것.

히 한국기원과 이야기가 잘 되어 1999년부터 한국에서 활동했다. 중국으로 돌아가기까지 여기서 13년을 살았는데, 그 사이에 놀라운 기록을 많이 세웠다. 여자기전 우승을 스물여섯 번이나 차지한 것은 물론이고 한국 최초는 물론 세계 최초로 남자를 꺾고 왕위에 올랐다. 그것이 바로 우리나라의 국수전이었고 아프게도 그때 꺾인 남자 상대가 바로 나였다. 루이나 이웨이는 우리나라 바둑사에 최초의 여성 국수이자 유일무이한 외국인 국수로 기록되어 있다.

루이 9단의 질문은 나도 미처 생각해보지 못한 것이었다. 곧바로 답이 떠오르지 않았다. 며칠 후에 마침 이창호를 비롯하여 여러 후배 기사와 함께하는 자리가 있어서 이야기를 꺼내보았다.

"이건 루이 9단이 질문한 건데, 너희들은 어떻게 생각하니?"

우리는 바둑판도 없고 그림도 없었지만 신나게 토론을 벌였다. 처음에는 정말 루이 9단의 의심처럼 정석이 흔들리는 것처럼 보였다. 그러나 좀 더 토론을 해보니 역시 판세에는 변함이 없었다. 더구나 그걸 증명하려고 애쓰는 과정에서 이창호가 전혀 생각하지 못했던 새로운 수를 발견해냈다.

만약 루이 9단이 고바야시 정석에 의문을 품지 않았다면 어떻게 되었을까? 아마도 이것 때문에 골치 아플 일도 없었겠지만 새로운 발견을 해낼 기회도 없었을 것이다. 그녀가 의문을 품었기에 우리 모두 함께 고민을 했다. 덕분에 창의적인 새로운 수를 찾아낼 수 있었다.

이처럼 모든 발견은 질문에서 시작한다. '왜 이런 거지?', '다른 방법은 없을까?', '이게 정말 최선일까?' 이런 질문들을 하지 않는다면 생각은 시작되지 않는다.

바둑 기사들은 상대방의 한 수 한 수를 절대로 그냥 받아들이지 않는다. 우리는 그것을 매우 의미심장하게 받아들인다. '왜 거기에 두었을까?', '이 수에 무슨 의도가 있는 걸까?' 비록 주어진 시간은 짧지만 우리는 무섭도록 집중하여 생각을 한다. 그리고 반드시 그 이유를 찾아내 다음 수를 결정한다.

인생의 중요한 순간도 바둑처럼 이렇게 한 수 한 수 깊게 생각하여 놓을 수 있다면 더할 나위 없을 것이다. 막연한 느낌으로 결정하거나 혹은 보이지 않는 압력이나 강요에 의해서 혹은 시간에 쫓겨서 아무렇게나 결정한 일들은 반드시 후회를 낳는다.

따라서 순간순간 떠오르는 질문이 있다면 절대로 무시해서는 안 된다. 당장 답을 찾기 힘들다고 회피해서도 안 된다. '이 문제는 왜 이런 걸까?', '어떤 방법으로 해결해야 할까?',

'무엇이 옳은가?', '어떤 방법이 가장 합리적이고 효율적인가?' 이런 질문에 대해 치열하게 고민하며 답을 구해야 한다.

나는 이러한 질문과 대답의 사유체계가 바둑판에만 적용되는 것이 아니라 공부, 일, 인간관계, 자기관리 등에 두루 적용될 수 있다고 믿는다. 암기하는 지식은 오래가지 않지만 질문과 대답을 통해 이해한 지식은 내 것이 된다. 단지 질문하고 답을 구하는 것만으로 실력과 능률이 향상되며 인격적으로 더 완성된 사람이 되는 것이다. 물론 이렇게 고민하여 얻은 답이 늘 최선의 결과를 내지는 않는다. 하지만 적어도 내가 스스로 선택한 것이기에 후회도 적고 책임질 마음의 자세를 가질 수 있다. 그러므로 '왜?'라는 질문이 떠오르는 순간이야말로 지금보다 나아질 수 있는 기회가 찾아온 때다. 이 기회를 그냥 흘려보내서는 안 된다. 집중하여 생각해야 한다. 모든 것에는 반드시 근본적인 이유가 있으며 반드시 더 나은 방법이 존재한다.

생각하는 게 재미없고 골치 아플 수도 있다. 당장 대답이 떠오르지도 않고 오히려 혼란만 더 커질 수 있기 때문이다. 하지만 마침내 그 답을 찾아냈을 때 무엇과도 바꿀 수 없는 기쁨이 찾아온다. 처음에는 답을 찾는 데에 긴 시간이 걸릴 수 있다. 하지만 생각하는 것이 습관으로 자리 잡고, 질문하고 답을 구하는 본인만의 체계가 완성되면 보다 빠르게 답을 향해 나아갈 수 있다. 바둑 고수들이 가만히 앉아서 수십 수를 내다보는 것도 수많은 훈련을 한 덕분이다. 이것이 습관이 되면 성격에도 변화가 와서 훨씬 신중하고 사려 깊으며 적극적인 사람이 될 수 있을 것이다. 인생의 모든 문제를 회피하지 않고 맞서서 해결하는 사람, 포기하지 않고 끝까지 노력하는 긍정적인 사람으로 거듭나는 것이다.

2단

**좋은 생각은
좋은 사람에게서 나온다**

재주가 덕을 넘어서는 안 된다

일본에서 유학 중이던 열다섯 살 때, 하마터면 바둑과 영영 이별할 뻔한 사건이 있었다.

프로 입단을 통과한 이후로 나는 후지사와연구회에 참여했다. 후지사와연구회는 일본 바둑계의 기인으로 통하는 후지사와 슈코(藤沢秀行) 선생님이 운영하는 사설 연구회였다. 나는 거의 매일 이곳에 가서 오타케 히데오(大竹英雄), 린하이펑 등 일본 바둑계를 이끌어가는 쟁쟁한 인물들과 어울리며 바둑을 공부했다.

후지사와 선생님은 당시 일본 최고의 바둑 스타였다. 세고에 선생님이 나에게 엄하고 무서운 할아버지 같은 분이었다면, 후지사와 선생님은 나에게 격이 없는 아버지 같은 분이었다. 선생님은 어린 나를 볼 때마다 두 팔을 걷어붙이며 장난을 걸곤 했다.

"덤벼라, 쿤켄(훈현의 일본식 발음)!"

우리는 늘 속기(速棋)*로 대결했다. 후지사와 선생님은 바둑은 자고로 계산보다는 번뜩이는 감각으로 두어야 한다고 생각하는 분이었다. 나 또한 빠른 바둑을 두는 편이라 우리 두 사람이 바둑을 두기 시작하면 바둑돌 놓는 소리가 요란해지곤 했다.

세고에 선생님 아래서 외롭게 바둑 공부를 하던 나에게 후지사와연구회는 안식처 같은 곳이었다. 이곳에 가면 바둑을 원 없이 둘 수 있을 뿐 아니라 기사들과 어울리며 친목을 다질 수 있었기 때문이다. 다들 선배고 어른이라 막내인 나는 사랑을 많이 받았다.

그중에는 아베 요시테루(安倍吉輝) 6단도 있었다. 그는 2단이었던 나에게 늘 깨지면서도 만날 때마다 결투를 청하는 끈질긴 바둑 투사였다.

어느 날 후지사와연구회에서 오후를 보내고 있는데 역시나 그가 다가왔다.

• 　　짧은 시간 안에 빠르게 두는 바둑.

"쿤켄, 오늘은 내기바둑으로 한 판 붙자!"

안 될 말이었다. 세고에 선생님이 절대로 해서는 안 된다고 못을 박은 것 중 하나가 바로 도박과 내기바둑이었다.

"죄송하지만 안 됩니다. 세고에 선생님께서 내기바둑을 두지 말라고 하셨습니다."

그런데 아베 6단은 끈질겼다.

"여기서는 괜찮아. 우리끼리잖아."

"죄송합니다. 선생님이 절대로 해서는 안 된다고 하셨습니다."

나는 땀을 뻘뻘 흘리면서 거절했다. 그런데 옆에서 지켜보던 후지사와 선생님이 거들고 나섰다.

"쿤켄, 그냥 해라. 승부욕을 돋우기 위해서니까 도박이라고 생각하지 않아도 돼. 한 판에 100엔 정도 거는 건 괜찮아."

별 수 없었다. 더 이상 거절할 수가 없어 자리에 앉았다.

내기바둑이 벌어지자 연구회 멤버들이 우르르 몰려들어 응원을 하기 시작했다.

"쿤켄, 살살해!"

"아베상, 쿤켄의 코를 납작하게 만들어!"

이런 말을 듣고 있으니 어느새 세고에 선생님의 엄명은 사라지고 그저 꼭 이겨야 한다는 생각뿐이었다.

한 판, 두 판, 세 판. 나는 내리 세 판을 이겨버렸다. 거기서 끝내야 했는데 독이 오른 아베 6단이 더 해야 한다며 끈질기게 물고 늘어졌다. 다시 네 판, 다섯 판, 여섯 판. 내가 여섯 판째까지 다 이기자, 그제야 아베 6단이 고개를 떨궜다.

그날 나는 600엔을 땄다. 받지 않겠다고 거절했지만 아베 6단은 약속은 약속이라며 한사코 내 손에 돈을 쥐어주었다. 그리고는 이 일에 대해 깡그리 잊어버렸는데, 며칠 후 스승님이 나를 부르셨다.

"쿤켄, 이리 오너라."

다가가니 스승님의 얼굴이 굳어 있었다.

"아베 요시테루와 내기바둑을 두었느냐?"

하는 수 없었다. 나는 "네" 하며 시인을 했다. 그 순간, 스승님의 얼굴이 무섭게 변했다. 그렇게 무서운 얼굴은 그때가 처음이었다.

"내 집에서 당장 나가라! 너는 바둑을 공부할 자격이 없다. 나와의 인연은 오늘로 끝이니 당장 한국으로 돌아가라!"

그걸로 끝이었다. 세고에 선생님은 두말하는 분이 아니었다. 한 번 결정하면 그걸로 끝. 변명이고 사과고 소용없었다. 나는 옷가지 몇 벌을 챙겨 스승님 집을 나와야 했다. 마마짱이 발을 동동 굴리며 안쓰러운 얼굴로 대문 밖까지 따라 나왔지만 스승님의 호통에 얼른 들어가야 했다.

눈앞이 캄캄했다. 많은 사람의 기대를 등에 업고 일본 유학 길에 올랐는데 그 결과가 파문이라니……. 일본에서는 한 도장에서 파문을 당하면 다른 도장에서 받아주지 않는 문화가 있었다. 파문은 바둑계에서 매장을 당하는 것이나 마찬가지였다. 설사 한국으로 돌아가서 바둑을 둔다 해도 그 불명예는 죽을 때까지 따라다닐 것이었다.

정처 없이 걷기만 했다. 어디로 가야 할지, 어떻게 해야 할지, 아무 생각도 들지 않았다. 멍한 상태로 도쿄 거리를 헤매다 보니 날이 어두워졌다. 그제야 어떻게든 당분간 기거할 곳을 찾아야 한다는 생각이 들었다. 당장 생각나는 곳은 가끔 드나들던 한국 교민이 운영하는 식당이었다. 주인아저씨에게 당분간 묵을 수 있겠냐고 부탁을 했다. 설거지와 청소를 하면서 묵어도 좋다는 허락을 받았다.

다음 날부터 나는 접시닦이 소년이 되었다. 아침 일찍부터 재료를 다듬고 설거지를 하고 청소와 뒷정리를 하는 나날이 이어졌다. 그렇게 일주일이 지났다. 이대로 일본을 떠나야 하는 건지, 부모님께는 어떻게 말씀을 드려야 할지 막막했다. 매일 밤 선생님 댁에 전화를 걸어 마마짱에게 선생님의 화는 풀리셨는지, 다시 받아주실 가능성은 없는지 울먹거리며 묻는 것밖에는 할 수 있는 일이 없었다.

열흘 쯤 지났을 때 드디어 마마짱으로부터 회소식이 왔다. 세고에 선생님이 드디어 화를 푸셨으니 이제 돌아와도 좋다는 것이었다. 믿기지가 않았다. 정말일까? 그 완고한 분이 정말로 나를 용서하셨을까?

당장 스승님 집으로 달려갔다. 초인종을 누르자 정말로 문이 열렸다. 스승님은 내 얼굴을 보고도 아무 말씀도 안 하셨다. 우리는 말없이 함께 저녁 식사를 하고 평소처럼 각자 방으로 들어갔다. 스승님은 평소처럼 술을 드셨고 나도 평소처럼 바둑 책을 펼쳤다.

2주 동안의 파문 사건은 이것으로 끝이 났다. 알고 보니 내가 쫓겨난 후 소문을 듣고 정말 많은 사람이 세고에 선생님을 찾아가 사정을 설명한 모양이었다. 아베 6단을 비롯하여 후지사와 선생님도 열심히 들락거리며 용서를 빌었단다. 특히 아베 6단은 모든 게 다 자신 때문에 벌어진 일이라며 자책을 많이 했다. 내기바둑도 자신이 고집을 피워서 했던 것이고, 그걸 외부에 말하고 다닌 것도 자신이었기 때문이다. 나를 곤란하게 하려는 의도가 아니라 오히려 대단한 실력이라는 칭찬의 의미로 말을 하고 다닌 것인데 그게 스승님 귀에 들어가 문제가 될 줄은 미처 몰랐던 모양이다.

이 일로 나는 적잖이 충격을 받았다. 아무리 곱씹고 곱씹어도 그 상황에서 내기바둑을 두지 않겠다고 거절할 수는 없었다. 다시 그 순간으로 돌아간다고 해도 내기바둑을 둘 수밖에 없을 것이다. 하지만 나는 원칙을 어겼다. 전후 사정이 어떠하든 원칙을 어긴 것만큼은 사실이고, 그렇기에 벌을 받는 게 맞다. 선생님은 왜 그렇게 혹독하셨을까. 당시에는 그 완고함을 이해하지 못했다. 하지만 어른이 되면서 나도 스승이 되고 여러 가지 일을 겪으면서 서서히 이해하게 되었다.

선생님은 처음 나를 본 순간부터 내가 일인자가 될 재주가 있다는 걸 알고 계셨다. 문제는 재주가 아니라 인품이었다. 이 녀석이 사람이 될 수 있을까. 바둑 명인에 걸맞은 인격과 품성을 갖출 수 있을까. 더 이상 제자를 들이지 않기로 결심했던 선생님이 죽음이 가까운 나이에 나를 받아들인 이유는 바로 그것 때문이었다. 나를 사람으로 만들어야겠다는 사명감을 느끼신 것이다.

'비인부전, 부재승덕(非人不傳, 不才勝德)'이라는 말이 있다. 인격에 문제 있는 자에게 높은 벼슬이나 비장의 기술을 전수하지 말며, 재주나 지식이 덕을 앞서게 해서는 안 된다는 뜻이다. 단지 몇 백 엔의 내기바둑일 뿐이었지만 그때 바로잡지 않으면 그것이 훗날 큰 인격적 결함으로 자랄 수 있기에 미리부터 엄하게 혼을 내신 것이다.

선생님의 원칙은 혹독했지만 덕분에 나는 사람이 되었다. 그때 그렇게 혼꾸멍이 나지 않았다면 나는 조금씩 옆길로 새는 것에 대해 큰 문제의식을 못 느꼈을 것이다. 어쩌면 원칙과 쉽게 타협하는 사람이 되었을지도 모른다.

물론 다시 돌아간다 해도 그 상황에서는 어쩔 수 없이 내기바둑을 둘 것이다. 그러나 그것이 원칙을 어기는 일이고 절대로 반복해서는 안 되는 행동임을 아는 것과 모르는 것 사이에는 대단히 차이가 있다. 외도(外道)를 하되 선을 넘지 않고 절제할 줄 아는 것이다.

그 후로도 나는 선생님 몰래 파친코에 들락거리기도 했고 마작에 용돈을 축내기도 했다. 바둑과 품격이 다르기는 하지만 두뇌싸움과 승부라는 측면에서 재미를 느꼈기 때문이다. 하지만 그래도 절대 바둑 공부에 문제가 될 정도로 빠진 적은 없다. 어린 시절에 스승님에게 호되게 혼났던 기억이 늘 마음속에서 중심을 잡아주기 때문이다.

나는 지금도 취미 삼아, 놀이 삼아 내기바둑도 두고 내기골프도 하고 가끔은 경마나 포커도 한다. 하지만 이런 것에 큰 돈을 걸 생각은 절대로 하지 않는다. 어디까지나 바둑 승부의 열기를 잠시 식히기 위한 가벼운 오락일 뿐이다.

정상은 마음이 강한 자의 것

가끔 사회적으로 높은 지위에 있는 사람들이 잘못된 행동을 하여 곤욕을 치르는 경우를 보곤 한다. 사소한 실언이나 실수도 있지만 잘못된 사생활, 부정한 뒷거래, 법을 어긴 행동 등 도덕적으로 큰 문제가 드러나는 경우도 있다. 배울 만큼 배우고 가질 만큼 가진 사람들이 왜 그런 행동을 하는 걸까.

생각은 행동이자 선택이다. 어떤 사람이 무슨 생각을 하며 사는지는 그 사람의 선택을 보면 알 수 있다. 백 마디 멋진 말이 무슨 소용인가. 단 하나의 잘못된 선택을 하면 그것으로 그 사람이 무슨 생각을 하며 사는지 다 드러난다.

나쁜 사람들이 인정을 받고 성공 가도를 달리는 것을 보면 참으로 헷갈린다. 나도 저렇게 살아야 하는 건 아닌지, 원칙과 도덕을 지키는 것이 오히려 손해 보는 짓은 아닌지, 가치관이 흔들릴 때도 있다. 하지만 오래 지켜보면 알게 된다. 나쁜 사람들이 잘되는 건 그저 찰나의 현상일 뿐이다. 지금 잘나가는 것일 뿐, 오래 지속되지도 영원히 잘나가지도 않는다. 나쁜 사람은 꼭 벌을 받고 좋은 사람은 꼭 복을 받는 건 아니지만, 그래도 대체적으로 나쁜 사람은 정리가 되고 좋은 사람이 결국에는 인정을 받는다.

아주 드물지만 프로 기사들 중에는 정정당당히 바둑으로 실력을 겨루지 않고 잔꾀를 쓰는 사람들이 있다. 이를 테면 상대방이 계시기(計時機)* 규정이나 착수 규정 등 소소한 규정을 어기도록 슬그머니 유도하는 것이다. 겉으로 보면 규정패로 지는 것이지만, 바둑을 두는 사람들은 당했다는 걸 안다. 억울하고 화가 나지만, 나는 그냥 내버려둔다. 어차피 이런 사람들은 오래가지 못하기 때문이다. 그렇게 이긴다고 뭐가 좋을까. 한두 번 잔머리가 통할 수 있겠지만 길게 가지 않는다. 특히 정상에서는 절대로 통하지 않는다.

정상은 아무나 가지 못한다. 그냥 열심히 한다고 다 가는

---

* 바둑 대국 때 제한시간을 계산해주는 기계.

것도 아니고 실력이 좋다고 갈 수 있는 것도 아니다. 운도 있어야 하지만 인성과 인품도 따라줘야 한다. 특히 마음이 강해야 한다. 아무리 실력이 좋아도 정상의 무게를 견뎌낼 만한 인성이 없으면 잠깐 올라섰다가도 곧 떨어지게 된다.

바둑은 어떠한 상황에서도 침착함을 유지해야 하고 상대를 도발하거나 야비한 플레이를 해서도 안 된다. 또 이기더라도 너무 기뻐해서도 안 되고 지더라도 너무 속상해해서도 안 된다. 아무리 실력이 있어도 이런 단련이 되지 않으면 정상으로 올라가지 못한다. 평상심을 유지할 수 있는 사람만이 정상으로 올라갈 수 있다.

세고에 선생님은 내가 어디 가서 바둑을 지고 오든 이기고 오든 칭찬을 하신 적도 야단을 치신 적도 없다. 너무 어이없게 져서 속이 부글부글 끓어오르는 날에도, 화끈하게 이기고 돌아와서 의기양양한 날에도, 선생님은 나에게 평소처럼 마당을 쓸라느니 술상을 봐오라느니 하며 잡일을 시키셨다. 넘쳐흐르는 기쁨도, 찢어질 것 같은 아픔도, 그저 일상의 일들과 똑같이 대하도록 마음 수련을 시키신 것이다.

인성과 인품을 기른다고 당장 뭐가 잘되는 건 아니다. 성적이나 실력이 불쑥 좋아지는 것도 아니다. 그런데 왜 이를 위해 애를 써야 하나. 차라리 그 시간에 문제집이나 더 들여다

보는 게 낫지 않을까. 당장의 이익만 생각하면 맞는 말이다. 하지만 인성이 평가를 받는 순간은 생각보다 빨리 온다. 평판이 만들어지는 건 순식간이다. 매일매일의 행동, 말투, 표정 등에서 인성이 드러날 수밖에 없고 그것이 평판이 되어 나에게로 돌아온다.

특히 큰 위기가 닥쳤을 때, 혹은 큰 기회가 주어졌을 때야말로 그 사람의 인성이 확연히 드러난다. 잘못을 솔직하게 인정할 것인가, 자신의 이익을 위해 남에게 책임을 전가할 것인가? 힘을 가졌을 때 그 힘을 무엇을 위해, 어떻게 쓸 것인가? 이런 선택의 순간에 어떤 행동을 하느냐가 그 사람의 인성 자체다. 인성이 제대로 형성되지 못한 사람은 아무리 머리가 좋고 재능이 뛰어나도 그것을 옳게 쓰지 못한다. 바르게 생각할 줄 모르면 바르게 행동할 수 없기 때문이다.

역사를 보면 알 수 있다. 히틀러는 희대의 천재였지만 제국주의 건설과 우생학이라는 이상한 생각에 꽂혀서 인류를 죽음의 공포로 몰아넣었다. 스탈린 역시 권력에 눈이 멀어 무자비한 숙청과 공포정치를 펼쳤다. 만약 원자폭탄이 미국이 아닌 독일이나 일본의 수중에 들어갔다면 어떤 일이 벌어졌을까? 아마도 2차 세계대전을 끝내기 위한 수단이 아니라 정복을 위한 수단으로 쓰여 인류를 파멸로 끌고 갔을지도 모른다.

생각은 나무처럼 가지를 뻗으며 자란다. 잘못된 방향으로 가지를 뻗으면 계속 그 방향으로 자랄 수밖에 없다. 그래서 간단한 일일지라도 원칙과 도덕을 지켜야 한다. 원칙과 도덕이 쌓이고 쌓여 습관처럼 몸에 배여야 언젠가 큰 선택을 할 때 유혹에 넘어가지 않고 올바른 선택을 할 수 있기 때문이다.

최고의 훈육은 스승의 삶이다

세고에 선생님이 나를 제자로 받아들이신 건 바둑보다도 사람을 만들기 위해서였다. 그렇다고 당신이 특별히 나의 인성교육에 신경을 쓰신 것은 아니었다. 도박하지 마라, 내기바둑은 안 된다 등의 굵직한 규칙은 있었지만, 해야 할 것과 하지 말아야 할 것을 조목조목 늘어놓고 훈육을 하시진 않았다. 선생님은 그저 당신 모습을 그대로 보여주셨다.

선생님은 매일 같은 시간에 기상하여 정갈하게 단장한 후 신문부터 읽으셨다. 간단하게 아침 식사를 하신 후 그다음부터는 내리 몇 시간 바둑 연구를 하셨다. 중간중간 마당을 느릿하게 걸으며 산책을 하는 것 외에는 하루 종일 바둑을 두

거나 책을 읽는 일상을 반복하셨다. 가끔 손님이 찾아와도 선생님은 지나치게 좋아하는 모습을 보이지 않으셨다. 정치인이나 장관이 찾아와도 무덤덤하게 대했다. 한번은 동냥하는 거지가 찾아온 적이 있었는데, 거지를 대하는 태도나 높은 사람을 대하는 태도나 다를 바가 없었다.

그나마 선생님이 유일하게 반가움을 숨기지 못하는 사람은 유명 소설가이자 친구인 가와바타 야스나리(川端康成)* 씨였다. 가와바타 씨가 찾아오면 함께 차를 마시며 이런저런 얘기를 나누곤 하셨다. 주로 바둑과 문학에 관한 이야기였는데, 늘 낮은 톤으로 고요하게 대화를 나누어 나로서는 알아듣기가 힘들었다.

저녁때는 식사와 함께 정종을 홀짝이셨다. 선생님은 술을 무척 사랑하셨다. 연로하신데다 히로시마 원자폭탄 투하 때 피폭까지 당한 분이라 건강이 좋지 않았지만 술을 끊지는 못하셨다. 의사가 술을 끊으라고 애원을 해도 선생님은 고개를 저으셨다.

"내일 죽어도 좋으니 술만은 끊으라 하지 마십시오."

의사는 정 그렇다면 하루에 딱 정종 한 홉만 마시라고 권유했다. 선생님은 그러겠다고 약속하셨고, 이 약속을 돌아가

---

* 《설국》의 작가로 1968년 노벨문학상 수상자.

실 때까지 철저히 지키셨다. 의사가 한꺼번에 꿀꺽꿀꺽 마시지 말고 한두 시간에 걸쳐 천천히 마시라고 하는 것도 틀림없이 지키셨다. 선생님이 술을 마시는 모습은 지켜보는 나에게도 예술이었다. 기모노를 입고 반상 앞에 앉아 아무 말 없이 술 한 잔을 조금씩 홀짝이고 있는 선생님의 모습은 마치 동양화 속 도인처럼 보였다.

나는 천성적으로 활동적이고 세상에 대한 호기심도 많은 편이라 선생님이 살아가는 모습이 존경스러우면서도 한편으로는 답답했다. 틀에 박힌 일상 속에 갇혀 지내는 생활. 선생님은 세상이 어떻게 돌아가는지도 잘 모르셨다. 볼펜 한 자루 값, 쌀 한 가마니 값도 잘 몰라서 밖에 나가서 뭘 사면 꼭 바가지를 쓰고 돌아오셨다. 평생을 그저 바둑 외길만 바라보고 걸어오신 분이기에 그 안에 갇혀 도인처럼 사신 것이다.

나는 도인이 될 수도 없고 되고 싶지도 않았다. 오직 바둑만 바라보며 살고 싶지도 않았다. 내기바둑 사건으로 한바탕 혼이 났지만, 그렇다고 세상에 대한 호기심을 버릴 수는 없었다. 파친코, 마작, 포커 등 재미있는 승부의 세계가 얼마나 많은가. 나는 선생님 몰래 파친코장에 들락거리다가 또다시 파문당할 위기에 놓이기도 했다. 이런 기질을 가진 내 눈에 정물화처럼 살아가는 선생님의 모습은 참으로 갑갑했다. 선생님이 하시는 말씀을 들으며 속으로 '그게 아닌데, 요즘은 그렇지 않은데……'라고 생각했던 적이 한두 번이 아니다. 하지만 지금은 안다. 비록 선생님과 나는 다른 기질을 가졌고 다른 인생을 살았지만 그 정신만은 같다는 것을.

세고에 선생님은 나를 9년 동안 데리고 살면서 정말로 당신의 모든 걸 주셨다. 바둑에 대해 알고 있는 모든 것, 바둑을 대하는 자세 그리고 그 정신세계까지 다 주셨다. 그것은 앞에 앉혀놓고 일일이 가르치고 주입시키는 방식은 아니었다. 그저 매일 함께 밥을 먹고 생활하면서 당신이 살아가는 모습을 통하여 조금씩 스며들게 하신 것이다.

무슨 정신세계를 배웠냐고 묻는다면 할 말은 없다. 그것은 눈에 보이지도 않고, 자로 잴 수도 없고, 어디가 시작이고 어디가 끝인지도 알 수 없기 때문이다. 하지만 9년의 시간 동안 선생님은 늘 내 곁에 있었고 나는 늘 선생님을 지켜보았다. 사람을 대하는 모습, 바둑을 대하는 모습, 정갈한 차림새, 규칙적인 생활 등을 모두 보았다. 그때는 흘려들었던 선생님의 말씀이 나이가 들면 들수록 또렷하게 기억이 난다.

"살면서 제일 중요한 건 사람의 도리를 지키는 것이야."
"사람이 되려면 인격, 인품, 인성을 모두 갖춰야 해."

"답을 주는 건 스승이 아니야. 그냥 길을 터주고 지켜봐주는 게 스승이지."

"이류는 서러워. 쿤켄, 네가 이 길을 가기로 했다면 일류가 되어야 해. 그렇지 않으면 인생이 너무 불쌍해."

선생님이 평생 나를 포함해 단 세 명의 제자밖에 받지 않으신 것도 바로 이 때문이었다. 불쌍한 인생을 만들까 봐 오직 일류가 될 사람만 뽑아서 받으신 것이다. 누가 일류가 될지 한눈에 알아보신 것도 놀랍지만 실제로 세 제자를 모두 일류로 키워내신 것 또한 놀라운 일이다. 선생님은 늘 이렇게 말씀하셨다.

"내가 중국의 우칭위안을 키웠고 일본의 하시모토 우타로를 키웠는데 한국에는 은혜를 갚지 못해 늘 아쉬웠다. 너를 제자로 받아 그 은혜를 갚게 되었으니 참으로 다행이다."

나는 대체 선생님이 한국에 무슨 빚을 졌나 생각했다. 나중에야 그것이 바둑에 대한 은혜라는 걸 알게 되었다. 바둑은 일본이 최강국이지만 중국에서 한국을 거쳐 일본으로 온 것이니 두 나라에 갚아야 할 빚이 있다고 생각하신 것이다. 선생님이 바둑을 대하는 마음은 그만큼이나 깊었다.

나는 선생님과 같은 경지에 오르지는 못했다. 나 역시 최대한 단순하게 모든 일상을 바둑에 맞춰 보내기는 하지만 선생님 정도까지는 아니다. 여행을 다니며 세상 구경도 많이 했고, 경마나 포커 같은 도박도 했고, 다른 세상에 대한 관심도 많다. 심지어 바투에 뛰어들어 게임 사업도 했었다. 아마 선생님이 살아계셨다면 나는 파문을 당해도 여러 번 당했을 것이다.

하지만 나는 안다. 그래도 나는 선생님의 제자라는 것을. 내 안에 선생님이 심어주신 바둑에 대한 사랑과 사람으로서의 도리 그리고 그 깊은 정신세계가 흐르고 있다는 것을. 그것은 전혀 다른 개성과 기질로 인해 다르게 표현되지만 그래도 그 뿌리는 같을 수밖에 없다. 내가 가진 모든 것은 선생님으로부터 물려받았기 때문이다.

인품과 인격을 어떻게 가르치겠는가. 매너는 가르칠 수 있어도 인품은 못 가르친다. 가르치려고 덤벼드는 것 자체가 어쩌면 그 사람을 망가뜨리는 것일 수도 있다. 인성, 인품, 인격은 그냥 보여주는 것이다. 자신이 어떻게 살아가는지 그 모습을 있는 그대로 보여줌으로써 제자가 보고 배우게 하는 것이다.

제자가 내 기준에 어긋나는 듯해도 야단칠 필요가 없다. 스승이 중심을 잡고 있으면 제자가 알아서 잘못한 걸 깨닫고 고친다. 또 고치지 않더라도 괜찮다. 그건 시대가 달라서 그런 것이지 생각이 달라서가 아니기 때문이다. 스승의 시대에 지켜야 했던 원칙이 제자의 시대에는 바뀔 수 있다. 하지만 그 정신만큼은 그대로다.

스승과 제자의 관계와 똑같은 것이 부모와 아이의 관계다. 인성 교육을 어렵게 생각할 필요가 없다. 그냥 보여주면 된다. 아이가 바르게 크지 않으면 그건 부모가 좋은 모습을 보여주지 않았기 때문이다. 아이가 정신이 산만하고 비상식적인 생각을 한다면 그건 부모가 그런 사람이기 때문이다.

가장 가난한 부모는 돈이 없는 부모가 아니라 물려줄 정신 세계가 없는 부모다. 어린 시절에 부모로부터 물려받은 정신 세계야말로 자라서 사회에 나가 사람을 사귀고 직업을 갖고 가족을 꾸리고 삶의 목적을 찾는 등 일상의 모든 선택에 영향을 주는 기준이 된다. 바로 이 기준이 나쁜 유혹에 흔들릴 때 머릿속에서 '안 돼!' 하고 막아주는 것이다.

승패의 감정을 뛰어넘어라

1989년 잉창치배 바둑대회에서 승리하고 집으로 돌아왔을 때, 이창호는 그저 돌부처 같은 표정으로 고개만 꾸벅 숙였다. 축하한다는 인사도 웃는 얼굴도 없었다. 도착하자마자 김포공항부터 종로까지 카퍼레이드를 펼치며 수많은 환영 인파의 축하인사를 받았고 바둑계 인사들로부터도 감격스러운 전화를 수백 통 받았지만, 제자인 이창호로부터는 축하한다는 말 한마디 듣지 못했다. 그런데 우리 사이가 원래 이런 식이었다. 우리는 서로 감정 표현이 없었다. 녀석이 제 방에 들어가지 않고 주변을 서성이며 내 얼굴을 살피는 것만 해도 대단한 축하의 표현이었다.

이창호는 나의 제자로 들어온 지 2년 만에 입단대회를 통과했다. 그때부터 창호는 빛의 속도로 성장해서 대회에 참가하기만 하면 수십 판씩 이기고 돌아왔다. 하지만 나도 창호에게 특별히 축하한다고 말한 기억이 없고 창호도 나에게 기쁨을 표현한 적이 없다. 아내는 축하한다고 안아주고 손도 잡고, 그때마다 창호가 희미하게 웃곤 했지만 우리끼리는 이기고 돌아왔다고 칭찬한 적도, 지고 들어왔다고 위로한 적도 없다.

이런 모습은 스포츠계의 사제지간과는 상당히 다르다. 씨름 선수가 승리를 하면 감독은 흥분해서 모래판으로 뛰어가서 선수를 얼싸안는다. 김연아도 경기가 만족스럽게 끝나면 가장 먼저 코치에게 달려가 포옹을 하곤 했다. 그런데 우리는 서로 아무 말도 없이 먼 산만을 바라본다. 참 재미없는 사제지간이다.

내가 이창호를 제자로 받아들인 건 1984년, 내 나이 서른한 살 때였다. 한창 전성기를 누리고 있던 때에 제자를 받아들이는 건 바둑계에서도 이례적인 일이었다. 평소에 제자를 둔다면 은퇴 후 늘그막에 두어야지 생각해왔었기 때문에 나에게도 갑작스럽긴 마찬가지였다.

창호는 우리 집에 오기 전에도 과묵한 면이 있었지만, 오고 난 후부터 점점 더 말 없는 돌부처가 되어갔다. 말만 줄어든

게 아니라 표정도 사라지고 심지어 행동도 늙은이 같아졌다. 아홉 살밖에 안 된 아이가 발소리를 죽이며 걸어 다니고 존재하지 않는 사람처럼 행동을 하니 뒷바라지를 맡은 아내가 너무 불쌍하다며 속상해한 적도 여러 번이다. 부모님 곁을 떠나 생판 모르는 사람들과 함께 살고 있으니 그럴 만도 했다. 나 역시 어린 시절에 남의집살이를 많이 했고 어른들에 둘러싸여 살았기 때문에 창호의 심정이 어떨지 잘 알았다. 불편하고 외로울 것이 분명했다. 하지만 바둑을 하려면 견뎌내야 했다. 정신적으로 남들보다 두 배 빨리 어른이 되어야 하기에 나는 창호에게 특별히 다정하게 굴지도, 달콤한 위로나 칭찬도 하지 않았다.

프로 바둑 기사에게 이기고 지는 건 그냥 밥 먹는 것과 똑같다. 밥은 오늘 하루만 먹는 게 아니다. 내일도 먹고 모레도 먹고 글피에도 먹어야 한다. 1년 후에도 10년 후에도 우리는 밥을 먹을 것이다. 그래서 오늘 먹은 밥이 좀 맛있었다고 흥분해서도 안 되고, 맛이 없다고 짜증을 내서도 안 된다. 승부의 세계에서 감정을 다스릴 줄 모르면 오래갈 수 없다.

나는 세고에 선생님이 언제나 한결같은 자세를 유지하는 것을 보고 자랐다. 너도 그래야 한다고 특별히 가르치신 적은 없지만, 선생님 모습을 보면서 자연스럽게 그런 모습을 배

우게 되었다. 감정은 그저 흘러왔다 흘러가는 덧없는 것으로,
어떤 감정도 스스로를 잡아먹어서는 안 된다는 것이 선생님
의 삶의 자세였다. 기쁨도 아무 감정 없이 바라보고, 슬픔과
분노도 아무 감정 없이 바라봐야 한다. 이겼다고 우쭐해하다
보면 지는 것을 견디지 못하게 된다. 이기기 위해서는 수천 번
의 지는 경험을 쌓아야 하므로 일상의 경험으로 덤덤하게 바
라봐야 한다.

그러니 창호에게 내가 해줄 것은 그저 나 스스로 잘하는
것밖에 없었다. 프로 기사들도 사람인지라 지고 돌아온 날은
힘들다. 가장 가깝고 편한 사람들이 가족인지라 그 마음을
가족들에게 표현할 수는 있다. 하지만 나는 이기든 지든 별
로 표현하지 않았다. 평상시처럼 잠자리에 들고 다음 날 아침
에도 똑같은 시간에 일어났다.

물론 쉬운 일이 아니다. 패배의 아픔이 스멀스멀 기어올라
잠들지 못하고 뒤척이곤 한다. 뾰족한 수가 없다. 일어나서 마
당을 왔다갔다 걷든지, 책을 읽든지 하면서 마음을 다스려야
한다. 그렇게 며칠 애쓰다 보면 조금씩 가라앉는다.

나는 창호에게 바둑을 가르치지 않았다. 그저 내가 사는
모습을 있는 그대로 다 보여주었다. 세고에 선생님이 나에게
당신이 가진 모든 걸 물려주신 것처럼, 나도 그렇게 창호에게

내가 가진 모든 걸 물려줬다. 나에게 좋은 점이 있었다면 창호가 알아서 판단했을 것이고, 나쁜 점이 있었다면 그 역시 알아서 판단했을 것이다.

섭섭했을 수도 있다. 최고의 바둑 고수라고 해서 배우러 왔는데 혼자 공부하라고 내버려두다시피 하니 서운한 적도 있었을 것이다. 하지만 결과적으로 창호는 내가 바라던 모습으로 자라주었다. 묵묵히 성실하게 바둑을 공부하고 어떤 일에도 흔들리지 않는 돌부처로 자라주었다. 게다가 어디 가서 욕먹는 일 없이 책임을 다하고 평온하게 살고 있으니 내가 할 일은 다했다고 생각한다.

1990년 제29기 최고위전. 창호는 무서운 기세로 당대 최고의 고수들을 꺾고 도전자의 자격으로 내 앞에 앉았다. 이미 1988년 최고위전과 패왕전, 그리고 1989년 국수전에서도 사제 대결을 벌인 바 있었지만 이번에는 뭔가 달랐다. 창호는 떠오르는 태양이었다. 그 이글거리는 뜨거운 열기에 기세가 밀리는 걸 느낄 수 있었다. 4국까지 힘겹게 싸워 2 대 2 무승부를 만들었지만 결국 마지막 5국에서 창호에게 반집승을 내주고 말았다.

그날 밤 우리는 같은 차를 타고 함께 집으로 돌아왔다. 한 사람은 이기고 한 사람은 지고 돌아왔으니 가족들은 축하도 못하고 위로도 못하고 난감했을 것이다. 하지만 속마음이야 어떠하든 창호와 나는 평소와 다름없이 행동했다. 나는 곧바로 잠자리에 들었고 창호는 한두 시간 바둑알을 만지다 잠자리에 들었다. 창호에게는 태어나서 가장 벅찬 날이었을 것이고, 나에게는 고통과 기쁨이 동시에 찾아든 매우 힘든 날이었다. 하지만 어쨌든 우리는 그날도 별다를 것 없이 똑같은 하루를 보냈다.

생각이 바뀌면 세상이 달라진다

이창호가 나에게서 최고위전 타이틀을 빼앗아가자 세상이 발칵 뒤집혔다. 열다섯 살 소년의 챔피언 등극. 게다가 그 상대는 현재 같은 집에 기거하고 있는 스승이라니. 이런 일은 세계 바둑 역사상 전무후무한 일이었다.

스포츠나 바둑이나 보통은 스승과 제자의 나이 차이가 많이 나서 활동 시기가 겹치지 않는다. 특히 바둑계는 나이가 지긋해서야 제자를 받고, 또 그 제자가 성장하기까지 시간이 오래 걸리기 때문에 사제 대결이 이루어지는 경우는 별로 없다. 나도 빨라야 40대 중반쯤이나 창호와 겨뤄보겠구나 예상했다. 그런데 창호의 성장은 빨라도 너무 빨랐다. 1990년 창호에게 최고위를 빼앗겼을 때 나는 서른일곱으로 인생의 황금기를 보내던 중이었다. 너무나 급작스럽게 찾아온 제자의 성장인지라 나는 기쁨보다도 놀람이 더 컸다.

창호는 거기서 멈추지 않았다. 1990년 9월에 국수전에서 다시 만났는데 이번에는 3 대 0으로 나를 눌렀다. 1991년에는 대왕전, 왕위전, 명인전(名人戰) 등 세 개의 타이틀까지 가져갔다. 1991년 말이 되자 창호는 7관왕으로 올라섰고 나는 4관왕으로 내려앉았다. 창호가 우리 집을 떠난 것이 바로 이 시점이다.

이기고 지는 것이 아무리 일상과 같다고 해도 한집에서 매일 얼굴을 보며 사는 건 어색했다. 또 이미 나를 능가한 사람을 제자라고 데리고 있는 것도 마땅하지 않았다. 창호는 나에게 모든 걸 배웠고 나는 더 이상 가르칠 것이 없었다. 우리는 모든 것을 물 흐르듯 했다. 창호는 처음 우리 집에 들어왔을 때처럼 무표정한 얼굴로 고개를 꾸벅하고 내 곁을 떠났다. 아내는 눈물을 참으려고 애를 썼고 나는 말없이 창호의 뒷모습을 보았다.

독립을 한 후 창호의 공격은 더욱 거세졌다. 그만큼 나의 몰락도 빨랐다. 그 무렵 나는 창호와 경기를 할 때면 너무 힘들어서 쓰러질 지경이 되곤 했다. 그때는 각자에게 주어진 제한시간이 다섯 시간이었기 때문에 아침에 시작한 대국이 저녁 10시를 넘기기 일쑤였다. 체력적으로 한계가 왔다. 머릿속에서 고도의 계산을 펼치느라 온몸이 분해될 지경이었다. 나는 카메라 플래시가 터지고 있는데도 거의 드러누운 자세로 바둑을 두어야 했다. 언론에서는 이를 '와기(臥棋)'라는 말로 점잖게 표현해주었으나 사실은 중년의 바둑 황제가 열여섯 소년의 쿠데타에 무너져 내리는 슬픈 몰락의 한 장면이었다. 그렇게 거의 모든 타이틀을 넘기고 작은 타이틀 하나만 붙잡고 있는데 창호는 이것마저 놔두지 않았다. 1995년 2월 나는 창호에게 마지막 남은 대왕 타이틀까지 빼앗겼다. 20년 만에 어떤 타이틀도 없는 무관의 신세로 전락했다.

그런데 이상했다. 그날 밤 집으로 돌아오는데 유난히 마음이 평화로웠다. 모든 걸 잃어버렸는데 이상하리만치 홀가분했다. 며칠 동안 실컷 잠을 자며 휴식을 취했더니 몸도 기분도 더 좋아졌다. 꼭 새로운 뭔가를 시작할 때의 기분이었다. 그때부터 내 안에서 긍정적인 생각이 마구 쏟아졌다. 타이틀이 하나도 없다는 건 이제 잃을 것도 없다는 걸 의미했다. 지키려고 할 때는 그렇게 힘들었는데 막상 다 잃어버리니 자유로웠다.

그래. 밑바닥까지 떨어졌으니 이제 더 나빠질 게 없어. 지금부터는 올라갈 일만 남은 거야. 한 발짝만 앞으로 움직여도 일보 전진이 되는 거니까.

이런 긍정적인 생각들이 마구 솟아났다. 아마도 살려고 그랬을 것이다. 계속 고통과 분노에 싸여 있으면 죽는 길밖에 없으니까, 살고 싶어서 이런 생각을 해냈을 것이다. 한편으로는 바둑을 사랑해서 그랬을 것이다. 바둑을 그만둘 수는 없으니까, 어떻게든 계속 바둑을 하며 살아야 하니까 그랬을 것이다. 이유야 어찌됐든 이러한 긍정적 생각 덕분에 나는 그 힘든 시기를 잘 극복할 수 있었다.

좌절에 빠지면 잘 견뎌내지 못하는 사람이 적지 않다. 심한 상실감으로 모든 의욕을 놓아버리고 세상과 등을 지거나 심지어 자살을 선택하는 사람도 있다. 다행히 내 안에는 이런 위기를 웃어넘길 건강한 마음이 있었다. 그것은 우리 부모님이 물려준 천성의 영향일 수도 있고, 세고에 선생님이 물려주신 정신력 덕분일 수도 있다. 혹은 변함없이 나를 지지하고 믿어주는 가족 때문일 수도 있다. 이렇게 긍정적인 생각이 피어나자 나는 나를 키우고 사랑해준 모든 사람에게 새삼 감사한 마음을 갖게 되었다. 그들이 없었다면 바둑 황제 조훈현도 없었을 것이고, 그 힘든 시기를 이겨낼 힘을 갖지도 못했을 것이다.

나는 내 안에 있는 긍정적인 생각을 어루만지며 어둠 속에서 서서히 기어올라 갔다. 무관이 된 후로 나는 누구보다도 더 열심히 대회에 참가했다. 1996년 한 해에만 무려 110국을 치렀으니 사흘에 한 번꼴로 바둑을 둔 셈이다. 예전처럼 타이틀 방어자로 꼭대기에서 도전자를 기다리는 것이 아닌, 본선부터 시작해서 토너먼트를 모두 거치고 올라가야 하는 험난한 여정이었다. 단 한 판만 져도 벼랑으로 떨어지다 보니 승부가 더 짜릿했다. 오랜만에 어린 신인들과 겨루는 것도 신선했다. 이기고 지기를 그토록 반복했지만 승패에 정말로 초연해지기 시작한 건 바로 이때부터다. 수많은 판을 싸우면서 나는 내가 언제든 질 수 있는 사람이라는 사실을 받아들였다. 마음이 편해지자 얼굴에 웃음이 많아지고 농담도 잘하게 되었다. 후배들에게 살살 좀 하라며 엄살을 피우기 시작한 것도 바로 이때부터다.

　이후로 창호의 독재체제가 굳어졌지만, 나는 계속 기어올라 가 도전장 내밀기를 게을리하지 않았다. 그리하여 1998년에 국수전 도전자가 되어 창호와 다시 만났다. 그때 나는 최선을 다하여 159수 만에 창호의 항복을 받아냈다. 창호에게 이기는 게 중요한 건 아니었다. 나는 그저 다시 정상으로 올라갈 수 있다는 게 중요했다. 물론 정상에 올라가도 창호뿐 아니라 떠오르는 수많은 태양에 의해 곧 떨어질 수도 있는 운명이지만, 적어도 호락호락하게 물러서지는 않음으로써 나 자신을 증명해 보였다는 데 의미가 있었다.

시간이 한참 흘러 2011년 이창호가 무관이 되었을 때 언론과 나눈 인터뷰를 보았다. 심경을 묻는 질문에 창호는 이렇게 대답했다.

"막상 지고 나니 오히려 마음이 편안했다. 무관이라는 데 큰 의미를 두지 않는다. 더 좋은 바둑, 더 좋은 내용을 보여줄 수 있다면 좋은 성적은 언제든 가능하다."

그걸 보고 나는 씽긋 웃었다. 그때 창호도 내 마음을 알게 됐을 것이다. 마음을 비우고, 그저 즐거운 마음으로 바둑을 둘 뿐이다.

---

*　　이 부분은 정확한 사실을 전하기 위해 정용진 바둑전문기자의 기사를 참조했다(〈조훈현-이창호의 10년 사제대결〉, 월간《바둑》 500호).

특히 마음이 강해야 한다.

아무리 실력이 좋아도 정상의 무게를

견뎌낼 만한 인성이 없으면

곧 떨어지게 된다.

3단

이길 수 있다면
반드시 이겨라

포기하지 않는 자가 반전을 만든다

1997년 제8기 동양증권배 결승 1국. 나는 준결승에서 이창호를 꺾고 올라온 고바야시 사토루(小林覺) 9단과 결승을 벌이고 있었다.

상황은 그리 좋지 않았다. 초반에 순간의 착각으로 대마가 함몰당했고, 그 후부터 종반이 다 되도록 쫓겨 다니고 있었다. 누가 봐도 승패가 뻔한 승부. 다들 내가 돌을 던지기만을 기다리고 있었다.

그런데 뭔가 낌새가 이상했다. 내가 마지막 발악을 하며 무리한 공격을 퍼붓자 고바야시 9단이 흔들리기 시작한 것이다. 원래대로 툭툭 쳐내기만 하면 쉽사리 막을 수 있는 수에 그가 과민반응을 보이기 시작했다. 이겨야 한다는 욕심 때문이었을까. 바둑인들의 표현을 빌리자면, 슬슬 미쳐가기 시작한 것이다.

그 순간, 어쩌면 기회가 올 수도 있겠다는 생각이 들었다. 아직 바둑은 끝나지 않았다. 빈칸을 채우려면 아직도 몇 십 분을 더 버틸 수 있었다. 나는 끈질기게 달라붙어 싸움을 걸었다. 당시 이 대회는 TV로 생중계 되고 있었는데 아마 시청자들은 조훈현이 무슨 짓을 하고 있나 의아했을 것이다. 다 죽은 판을 붙잡고 살아보겠다고 발버둥을 치고 있으니 한심하다 생각했을지도 모른다.

하지만 나는 아득바득 버티며 기다렸다. 마침내 기회가 왔다. 뭔가를 크게 착각했는지 고바야시 9단이 엉뚱한 데에 돌을 놓은 것이다. 그때부터 전세가 완전히 바뀌었다. 나의 공격에 그가 속수무책 무너지기 시작한 것이다. 230수 만에 경기는 끝났다. 결과는 나의 6집반 승.

"조훈현이 심했다."

대국이 끝나자 관전자들이 혀를 끌끌 차며 이렇게 말했다. 너무 지독하게 물고 늘어져서 상대의 실수를 유도한 것 아니냐는 분위기였다. 고바야시도 어이없다는 표정을 짓고 있었다. 다 이긴 판을 어이없이 빼앗겼으니 결과를 믿고 싶지 않앉을 것이다.

며칠 후 2국이 펼쳐졌다. 이번에도 고바야시의 철두철미한 전략에 내가 밀리는 형세였다. 중앙에 대마를 주르륵 펼쳐놓았지만 거의 전멸할 위기였다. 중반을 넘어서자 이미 진 게임이나 마찬가지였다. 그런데 또 놀라운 일이 일어났다. 패싸움°을 벌이고 있는데 고바야시 9단이 헛패°°를 쓴 것이다.

처음에는 헛패인지도 몰랐다. 그런데 갑자기 정신이 환해지면서 그게 보이기 시작했다. 앞을 가로막고 있는 흑돌 하나를 치우자 잘려 있던 돌이 이어지면서 순식간에 형세가 뒤바뀌었다. 이번에도 역전승.

3국의 진행도 비슷했다. 나는 초중반까지 우하귀°°°를 제외하고 이렇다 할 집을 만들지 못했던 반면, 고바야시는 쭉쭉 뻗어나가며 영토를 확장하고 있었다. 다들 1, 2국에서 사실상 고바야시가 우세했으니 3국은 고바야시가 이길 것이라 예측하고 있었다. 그런데 또 반전의 기회가 왔다. 종반에 시도한 묘수가 꽃놀이°°°°에 가까운 승부패를 만든 것이다. 고군분

- 흑과 백이 상대방 돌을 한 점씩 따내는 싸움.
- °° 패싸움을 벌이기 위해 놓는 돌을 팻감이라 하는데 패를 잘못 썼을 경우 헛패가 된다.
- °°° 바둑을 둘 때 자신의 시점에서 바둑판의 오른쪽 아래에 해당하는 곳.
- °°°° 한쪽은 져도 별다른 피해를 입지 않으나 다른 한쪽은 반드시 이겨야만 큰 피해를 모면할 수 있는 패.

투하던 고바야시는 마침내 285수 만에 돌을 던졌다.

2년 8개월 만의 세계대회 우승. 국내기전에서 부진을 면치 못하고 있던 시기라 더 값진 우승이었다.

바둑하는 사람들은 이때의 기보를 두고 많은 말들을 한다. 지금 들여다봐도 1~3국 모두 내용상 고바야시가 다 이겨놓은 판이었기 때문이다. 이렇게까지 물고 늘어져서 이기다니, 조훈현은 너무 지독하다는 말을 수없이 들었다.

하지만 승부의 세계가 원래 그렇다. 아니, 승부를 떠나 우리가 사는 세상이 원래 그렇다. 과정도 중요하지만 결과도 그에 못지않게 중요하다. 이길 수 있다면 이겨야 한다. 그러기 위해서는 끝까지 포기하지 않고 반전의 기회를 기다려야 한다.

내가 버텼던 이유는 이겨야 한다는 욕심 때문이 아니라 아직 이길 기회가 있다는 희망 때문이었다. 승부사라면 그런 아주 낮은 가능성에도 베팅할 줄 알아야 한다. 아직 바둑은 끝나지 않았기 때문이다. 내가 만약에 패색이 짙었던 종반에 포기하고 돌을 던졌다면, 과연 그 기회를 잡을 수 있었을까.

긴 레이스를 펼치는 마라톤 선수들을 보면서 이런 생각을 한 적이 있다. 수백 명이 동시에 출발했지만 결승 테이프를 끊는 사람은 단 한 명뿐이다. 뒤에 들어오는 수많은 선수는 자신이 1등이 아니라는 걸 이미 알고 있다. 그런데도 왜 뛰는 걸까. 1등이 정해졌다고 해서 뛰는 것을 포기하거나 설렁설렁 뛰는 선수는 한 명도 없다. 아직도 이겨야 할 수많은 선수가 남아 있으며, 정말로 이겨야 할 한 가지, 즉 자신의 기록이 남아 있기 때문이다.

조치훈을 꺾고 일본 기성이 된 고바야시 사토루가 이 사실을 모를 리 없었다. 그는 시상식에서 깨끗하게 패배를 인정했다.

"내용과 관계없이 이기는 자가 강자다. 패자가 무슨 할 말이 있겠는가."

프로의 바둑은 실력보다도 심리가 승부를 좌우한다. 졌다고 포기하면 바둑은 끝난다. 그러나 역전의 기회가 있다고 믿으며 끝까지 수를 찾다 보면 기회가 온다. 이길 수 있다면 이겨라. 끝까지 포기하지 말고 싸워라. 반전의 기회는 언제든 온다.

세상에 너의 영토를 확장하라

바둑은 한마디로 말해서 영토 확장을 위한 게임이다. 바둑판 위에 자신의 집[•]을 많이 만들어 영토를 넓히는 것이 바둑의 목적이다. 그런데 바둑만 영토 확장을 목표로 하는 것이 아니다. 가만히 보면 거의 모든 스포츠가 영토 확장과 관련이 있다. 미식축구는 공을 던져서 영토를 넓히는 게임이다. 한 선수가 공을 던지고 또 다른 선수가 죽어라 달려서 공을 받아내면 그 영토는 그들의 것이 된다. 마침내 상대편의 골 안까지 공을 가져가면 상대의 영토를 점령하는 것이 된다. 핸드볼과 농구도 넓게 보면 영토 싸움이다. 드리블과 패스를 통해

• 　사방이 같은 돌로 둘러싸인 빈칸.

상대편의 영역으로 침입하여 골대에 골을 넣어야 득점할 수 있다. 축구 역시 손이 아니라 발로 한다는 것이 다를 뿐 똑같은 영토 확장이라고 할 수 있다. 배드민턴, 테니스, 탁구처럼 서로의 영역을 침범하지 않고 공만 왔다갔다 하는 게임도 있지만 대부분의 게임은 이처럼 서로의 땅을 더 차지하기 위해 뒤엉켜 싸운다. 그만큼 격렬할 수밖에 없다.

바둑판 위에서도 미식축구에서 자주 보는 뼈가 부러질 정도의 충돌과 축구에서 자주 보는 떨어지고 구르는 육탄전이 벌어진다. 머릿속에서 일어난다는 점이 다를 뿐 이들 경기 못지않게 거칠다. 프로 바둑 기사로 산다는 건 나의 영토를 지키고 적의 영토를 점령하는 것을 인생의 목표로 삼는다는 것과 다를 바가 없다. 바둑돌을 손에 쥔 그 순간부터 나는 내 영토를 확장하기 위해 최선을 다하며 살았다.

우리의 삶도 다르지 않을 것이다. 다들 이기려고 애를 쓴다. 더 나은 삶, 더 높은 지위, 더 넓은 집과 더 좋은 자동차를 소유하기 위해 애를 쓴다. 이것은 욕심이 아니라 당연한 것이다. 인간은 원래 욕망을 가진 존재다. 더 많이 갖고 더 많이 누리려는 건 지극히 당연한 인간의 본성이다. 남의 것을 부정한 방식으로 취하려는 것이 아닌 한, 욕망과 야심은 매우 건강한 심리다. 특히 청년기에는 이러한 욕망과 야심이 하늘을

찔러야 마땅하다. 육체적으로 가장 왕성하고 세상에 대한 호
기심과 투지가 불타오르는 시기이기 때문이다.

지금은 승부에 대한 집착을 많이 내려놓았지만, 나도 젊은
시절에는 달랐다. 그 시절 나는 미치도록 이기고 싶었다. 이기
기 위해 자나 깨나 바둑 생각을 하며 수없이 많은 기보를 보
고 끊임없이 바둑을 연구했다. 이기겠다는 야망이 있었기에
정글 속에서 그 혹독한 수련의 시기를 버텨낼 수 있었다.

일본 유학 시절, 내 주변에는 승리에 굶주린 늑대들이 우글
거렸다. 이시다 요시오(石田芳夫), 가토 마사오(加藤正夫), 고바
야시 고이치, 조치훈 등 세계 바둑사에 한 획을 그은 인물들
이 모두 나의 상대였다. 초기 몇 년 동안 나는 이들에게 흠씬
깨지기만 했다. 아무리 한국에서 천재 소리를 듣고 아홉 살
에 최연소 입단을 했다 해도, 일본의 천재들에겐 상대가 되
지 않았다. 이들과 싸울 때마다 피투성이가 되어 상처를 입
고 돌아와야 했다.

처음에는 분하고 화가 났지만 자꾸 지다 보니 견딜 만했다.
또한 지는 일이 거듭될수록 실력도 늘어나는 걸 느낄 수 있
었다. 두들겨 맞다 보면 맷집이 생긴다더니 바로 이런 걸 두
고 하는 말인 듯했다. 시간이 흐르면서 조금씩 고바야시, 조
치훈 등과 대등한 경기를 벌이기 시작했고 승리의 기쁨도 누

리게 되었다. 2단 시절에는 당시 일본 최고 기전이던 명인전과 본인방전에 출전하여 본선 문턱까지 진출하기도 했다. 열일곱이 되던 해, 나는 33승 1무 5패의 기록을 세우며 일본기원이 선정하는 신인상인 '기도상(碁道賞)'을 받았다.

한국에 돌아와서도 나는 기관차처럼 폭주했다. 최고위전으로 최초의 왕관을 쓴 이후로 나는 모든 왕관을 차례로 정복해나갔다. 1980년과 1982년 그리고 1986년, 세 번을 전관왕에 올랐다. 잉창치배에 이어 후지쓰배와 동양증권배, 춘란배(春蘭杯)에서도 차례로 우승을 했다. 2002년 삼성화재배와 케이티배에서 거둔 우승은 세계대회 최고령 타이틀 획득으로 기록되어 있다. 유창혁, 이창호, 이세돌 등의 젊은 기사들에게 하나둘씩 타이틀을 내주기 전까지 한국 바둑사의 20년은 나의 영토였다.

더불어 나의 삶도 점점 윤택해졌다. 바둑을 배우겠다고 일본으로 떠날 때까지만 해도 우리 집은 아주 가난했다. 부모님은 시장에서 채소 장사를 하셨고, 시멘트 블록으로 지은 달동네의 아주 허름한 집에서 살았다. 그렇게 가난한 집 아이였던 내가 바둑을 통해 내 영토를 넓혀 가면서 차차 삶의 영토도 넓어졌다. 달동네를 떠나 화곡동에 작은 집을 살 수 있었고, 그다음은 2층 양옥집으로, 그다음은 산세가 좋은 땅에

큼직하게 내 집을 지을 수 있었다.

워낙 살아온 습성이 있어서 호사를 누릴 배짱은 못되지만, 부모님을 돌아가실 때까지 편히 모셨고 자식들을 배불리 먹이며 키웠다는 데에 삶의 보람을 느낀다. 노력한 만큼 더 많이 가지고 더 좋은 것들을 누릴 수 있다는 것만큼 가장 확실한 동기부여가 있을까.

이제는 젊은 기사들에 비해 기력(棋力)도 달리고 육체적인 면에서도 한참 뒤지지만, 나는 아직도 이기기 위해 최선을 다한다. 가끔은 긴박한 상황에 몰려 도박에 가까운 승부수를 띄우기도 한다. 그래서 내 바둑이 사납다는 평가를 듣기도 하지만, 이로 인해 아직도 내 바둑이 살아있다는 평가를 듣기도 한다. 이 나이가 되도록 행마(行馬)가 부드러워지지 않는다는 건 영토 확장에 대한 내 꿈이 여전히 꿈틀거린다는 증거일지도 모른다.

나는 세상이 바둑처럼 경쟁만 있고 1등만 살아남는 곳이라고 생각하지는 않는다. 그러나 어떠한 삶을 살든 자신만의 영토를 넓히기 위해 노력하는 자세를 갖춰야 한다. 영토 확장이 꼭 성공과 출세, 승리만을 의미하지는 않을 것이다. 자신의 잠재력과 가능성을 최대로 발휘하는 것, 꿈을 실현하는 것, 그리하여 자신의 존재 이유를 찾는 것. 그것이 바로 세상에서의 영토 확장일 것이다.

항상 어떻게 살아야 할지, 무엇을 위해 살아야 할지, 스스로에게 묻고 답하기를 멈추지 말아야 한다. 이왕이면 지금보다 더 나은 삶, 더 행복한 삶을 살기 위해 최선을 다해야 한다. 그것이 남과의 경쟁을 치러야 하는 것이라면 두려워하지 말고 뛰어들어야 한다. '어차피 안돼', '괜히 다치지 말자'라는 식의 태도로는 아무것도 이루지 못한다.

1등이 되지 못하더라도 자신의 가능성의 최대치까지 올라가봐야 한다. 아직도 정복해야 할 영토는 무한히 남아 있다.

알맞은 적수는 나를 키운다

나는 당대 최강의 프로 기사들과 거의 모두 싸워보았다. 무시무시한 기사가 많았지만 승부욕과 강한 투지에 있어서라면 서봉수 9단의 얼굴이 가장 먼저 떠오른다. 서 9단이 한 신문과의 인터뷰에서 "조훈현은 내 바둑의 은인이다"라고 말한 것을 보았다. 황송하고 고마운 말이다.

서봉수를 처음 만난 건 일본에서 돌아와 군입대를 앞두고 있을 때였다. 기원에서 만났는데 같은 또래라서 금방 가까워졌다. 당시에 서봉수는 불과 2단의 신분으로 거목 조남철 선생*을 이겨 명인(名人)**에 오른 청년이었다. 그가 등장하기 전

---

* 한국기원의 창립자이자 한국 현대바둑의 기틀을 세운 인물.

까지 한국 바둑은 조남철 선생과 김인 선배의 양강 구도였는데 갑자기 괴물 같은 열아홉 살 청년 한 명이 나타나 판을 뒤엎은 것이다. 이에 비해 나는 갓 귀국한 터라 한국말도 서툴고 바둑계가 어떻게 돌아가는지도 잘 몰랐다. 말도 못하고 고개를 숙이고 있던 나에게 서봉수가 먼저 다가와 내기바둑을 청하면서 인연이 시작되었다.

우리는 짜장면을 걸고 수많은 판을 싸웠다. 바둑을 두고 보니 서봉수의 성격이 고스란히 드러났다. 그는 타고난 싸움꾼이었다. 아무런 틀도 형식도 없이 이기기 위해서라면 무엇이든 할 수 있는 게릴라 같은 바둑을 구사하고 있었다. 뭐 이런 바둑이 있나. 이런 바둑으로 조남철 선생을 이겼단 말인가? 당황스럽기도 했지만 신선하기도 했다. 일본에서 형식에 얽매인 바둑만 하다가 흙탕물에서 뒤엉켜 싸워보니 짜릿했다. 마치 권투 글러브를 벗어던지고 이종격투기를 하는 것 같았다.

서봉수가 이런 저돌적인 바둑을 하게 된 것은 그의 배경과 관련이 깊다. 그는 나처럼 일찍부터 사범의 지도 아래 정식으로 바둑을 배운 사람이 아니다. 열다섯에 부친의 어깨너머로

•• 한국일보사가 주최했던 바둑기전인 명인전의 우승자를 지칭하는 말로 현재는 SG그룹이 명인전을 후원하고 있다.

바둑을 배운 후 동네 기원에서 내기바둑을 두면서 철저히 독학으로 올라온 자였다. 정석 교본이나 명국전 기보도 없이 오직 월간《바둑》만 죽어라 읽은 사람이 열일곱에 입단을 하고 열아홉에 명인이 되었다. 천재성에 지독한 투지까지 타고난 사람이었다.

그렇게 친하게 지내다가 나는 군입대를 했고 서봉수는 타이틀 사냥을 계속했다. 우리가 다시 맞붙은 건 약 1년여가 흐른 후인 1974년 제6기 명인전에서였다. 그는 타이틀 방어자였고 나는 도전자였다. 이번에는 짜장면 내기가 아니라 결승 왕관을 두고 싸우는 진검승부였다. 그해 나는 3 대 1로 그에게 패했다. 엄청난 충격이었다. 서봉수는 더 이상 짜장면 내기바둑을 하던 내 친구가 아니었다. 얼마나 많은 날을 칼을 갈며 살아왔는지 짐작할 수 있었다. 이날의 패배는 아픈 만큼 자극이 되었다. 얼마 후 나는 국기전에서 그를 만나 설욕을 했다. 그리고 1976년 왕위전에서도 그를 이겼다. 뒤이어 1978년에는 그의 분신과도 같은 명인 타이틀을 빼앗아왔다.

아마 서봉수와 내가 조금씩 어긋나기 시작한 건 이때부터였을 것이다. 보통 바둑 기사들은 경기 직후에 아무리 분하고 원통해도 감정을 숨기고 대화를 나누며 복기를 한다. 그런데 우리는 누가 먼저라고 할 것 없이 복기를 하지 않았다. 한

번 이런 일이 일어나자 그와 대결한 후에는 복기를 하지 않게 되었다.

사석에서 어울리는 일도 점점 줄어들었다. 내가 있는 곳이면 그가 오지 않았고, 그가 있는 곳이면 내가 가지 않았다. 어쩌다 같은 자리에 있게 되면 피차 너무 불편해서 한 사람이 먼저 자리를 뜨곤 했다. 그 당시 언론을 통해서 듣게 되는 서봉수의 발언도 편하지만은 않았다. 그는 우리 사이를 묻는 질문에 "복수, 증오, 공격, 도전, 투쟁 등의 단어가 진실에 가깝다"라는 발언을 했다. "상대에 대한 적개심을 스스로 부추기는 것이 필승을 다지는 방법이다"라는 말도 남겼다. 이러한 그의 적개심을 나는 바둑판에서 고스란히 느낄 수 있었다. 그는 마치 칼을 품고 달려드는 자객 같았다. 어디서 칼이 날아올지 모르니 덩달아 나의 바둑도 사나워질 수밖에 없었다. 그래서 어쩔 때는 다 이겨놓고도 더 확실한 패배감을 안겨주기 위해 일부러 독수(毒手)를 놓기도 했다.

하지만 서봉수가 지독하게 느껴진 건 그다음부터 벌어진 일들 때문이었다. 그는 도대체 포기라는 걸 모르는 사람이었다. 다른 기사들은 점점 나에게 지는 것에 익숙해졌지만 서봉수만은 그렇지 않았다. 그는 질수록 더 독을 품고 달려들었다. 당시에 나는 "두면 이긴다"라는 말을 들을 정도로 90퍼센트에 가까운 승률을 올렸는데, 진 경우는 대부분 서봉수와의 대국이었다. 서봉수 외에는 나를 이긴 사람이 아무도 없었다고 해도 과언이 아닐 것이다.

패배의 아픔에 절대로 무뎌지지 않는 투쟁 정신. 어떻게 보면 이것이 계속 이기는 것보다 더 어려운 일이라는 것을 나는 훗날 정상에서 내려와서야 알게 되었다. 회복 불능의 치명상을 수없이 입으면서도 계속 싸움터로 뛰어드는 건 대단한 기질이다. 그가 얼마나 승부에 대한 집념이 강한 사람이었는지를 훗날 한 인터뷰 기사를 통해 알 수 있었다. 그는 그 인터뷰에서 젊었을 때는 마실 줄도 모르는 소주 한 병을 안주도 없이 그냥 마신 적이 있을 만큼 도저히 패배를 견디기 힘들었다고 했다. 또한 패배가 점차 익숙해지는 심경을 해부학 실습을 거듭하면서 사람 몸에 메스를 대는 데 익숙해지는 의사의 심경에 비유하기도 했다. 나와의 싸움은 수없이 죽는 경험의 연속이었다고도 말했다. 하지만 또 다른 인터뷰에서는 그에게 많은 상처를 안겨줬던 나를 평생의 은인이자 스승이나 마찬가지라고도 이야기해주었다.

그는 이렇게 상처와 패배 속에서 성장했다. 그가 그렇게 강해질 수 있었던 건 패배에 대한 쓰라림에 분노하고, 그걸 극복하기 위해 노력했기 때문일 것이다. 참으로 독한 승부사다.

그 지독함으로 그는 나에 이어 1993년 잉창치배에서 우승했고, 1997년에는 제5회 진로배(현 농심신라면배)에서 혼자서 9연승을 올리는 기적 같은 기록을 세웠다. 진로배는 한·중·일 3국의 선수가 릴레이식으로 상대국을 번갈아가며 싸우는 국가대항전인데, 이기면 계속 싸우고 패하면 다음 선수에게로 바통이 이어진다. 그런데 두 번째 선수로 나간 서봉수가 중국과 일본의 나머지 선수 아홉 명을 연달아 이겨버린 것이다. 나를 포함해 함께 출전했던 유창혁, 이창호 등은 돌 한 번 잡아보지 않고 우승컵을 안는 기이한 경험을 했다.

이제 나도 고백을 해야겠다. 나 역시 서봉수 명인으로부터 많은 것을 배웠다. '조-서 시대'•라는 드라마틱하고 파란만장한 역사는 그가 있었기에 가능했다. 나는 서봉수라는 아주 특별한 존재로부터 승부에 대한 집착과 포기할 줄 모르는 근성을 배웠다. 내가 있었기에 그의 독기가 가공할 승부욕으로 발휘된 것처럼, 그가 있었기에 나의 칼날은 무뎌지지 않았다.

서봉수 9단의 삶은 승부사에게 근성이 얼마나 중요한지를 여실히 보여준다. 그는 스스로 암기를 못한다고 말했고 계산이 느리다는 평가를 받는다. 정식 바둑 교육을 받은 적이 없으니 세련된 기교도 없다. 그런데도 그는 밟아도 밟아도 끈질

• 조훈현의 독주에 서봉수가 반기를 들던 시기를 일컫는 바둑계의 표현.

기게 일어나는 잡초 근성으로 나를 위협했고 세상을 지배했다. 요즘 떠오르는 신예 기사들이 기교뿐 아니라 서 명인과 같은 근성까지 갖춘다면 중국 바둑이 두렵지 않을 텐데 하는 아쉬움이 든다.

많은 세월이 흘렀고, 이제 우리는 서로를 인정하고 멀리서 응원한다. 하지만 여전히 잘 어울리지는 않는다. 경기장에서 마주쳐도 서로 못 본 척한다. 악감정은 없지만 그래도 우리 사이에는 돌이킬 수 없는 역사가 있기 때문이다. 서로가 너무나 다른 사람이라는 걸 잘 알기에 거리를 두는 게 현명하다고 생각한다.

동갑내기인 우리는 칠십 대가 된 지금도 여전히 현역이다. 지금도 우리는 서로에게만큼은 죽어도 지기 싫다.

이기려면 나만의 '류'를 개척하라

창호를 제자로 받아들였을 때 이 아이가 세계적인 기사가 되리라는 확신은 내게 없었다. 내 눈에 창호는 오히려 계륵처럼 느껴졌다. 분명 바둑은 강했지만 천재성은 보이지 않았다. 외모도 둔하고 말도 어눌하고, 심지어 금방 두었던 바둑을 복기하는 것조차 서툴렀다. 그렇다고 포기할 수는 없는 기이한 느낌이 있었다. 그 알 수 없는 느낌에 이끌려 창호를 받아들이기로 결심했다.

데리고 살아보니 창호는 나와 완전히 다른 '류'라는 것이 확연히 드러났다. 빠르고 날렵하고 다소 공격적인 바둑을 추구하는 나에 비해 창호의 바둑은 느리지만 두텁고 묵직했다. 이는 그의 성실하고 온화한 성격과도 관련이 있다. 우리 집에 있는 6년 동안 큰소리 한 번 내지 않고 말썽 한 번 부리지 않고 묵묵히 바둑에만 정진한 아이답게, 그의 바둑은 철저한 계산을 바탕으로 마치 알뜰하게 살림을 꾸려가듯이 그렇게 발전을 했다.

한번은 창호의 대국을 복기하다가 녀석이 둘 수 있는 좋은 수가 있는데도 그걸 두지 않고 안전한 길을 택한 것을 발견했다. 왜 그 수를 두지 않았는지 물어보았다.

"그쪽은 강하지만 역전당할 위험이 있어요. 하지만 제가 택한 길로 가면 백 번 중에 백 번을 반집이라도 이길 수 있어요."

비슷한 바둑이 계속 반복되었다. 하루는 복기 중에 창호가 너무 답답한 수만 놓고 있는 것 같아 한마디 했다.

"그 길도 나쁘지는 않아. 하지만 이 길이 더 간명하지 않을까?"

창호는 아무런 대답도 하지 않았다. 자신의 판단을 접고 싶지 않은 표정이었다. 보통 스승과 제자라면 닮아갈 법도 한데, 창호와 나는 뼛속까지 달랐다. 나는 날쌔다, 그는 느리다. 나는 공격한다, 그는 피한다. 나는 도박을 한다, 하지만 창호는 안전한 길을 택한다.

바로 이러한 '다름'이 나에게 큰 위협이 되었다. 1988년 28기

최고위전. 이창호가 고수들을 차례로 평정하고 내 앞에 앉았다. 한국 바둑 최초의 사제 대결이었다. 이 대결에서 나는 타이틀을 방어하는 데에는 성공했지만 창호에게 1패를 당했다. 공식 대국에서 창호에게 진 것은 그때가 처음이었다. 그런데 바로 그 첫 패배가 불과 반집 차였다. 반집. 이건 바둑판 위에서는 보이지 않는다. 바둑판 위에는 1집, 2집, 3집만 있지 0.5집은 없기 때문이다. 그런데도 반집 차이로 지고 이기는 이유는 덤 때문이다. 바둑 경기에서는 먼저 돌을 놓는 흑이 유리하다고 보아서 백에게 6집 반의 덤을 준다. 이것을 계산하여 어느 한쪽이 0.5집 차이로 이기는 걸 반집승이라고 하는 것이다.

처음으로 나를 이긴 대국이 반집승이었기 때문에 창호가 어쩌다 운이 좋아서 이긴 거라고 말하는 사람이 많았다. 설마 열네 살 소년이 반집까지 계산해서 대국을 운영했으리라고는 아무도 생각하지 못했다. 하지만 나는 알고 있었다. 창호를 누구보다도 잘 이해하기에 그게 결코 우연이 아니라는 걸 알았다. 문제는 나 자신이었다. 백 번 중의 백 번을 반집이라도 이길 수 있다는 창호의 바둑에 맞설 준비가 나는 되어 있는가. 머지않아 그 답을 확인할 수 있었다. 1989년 국수전 도전기에서 창호와 또 만났다. 이번에도 내가 3 대 1로 이겼지만 창호에게 빼앗긴 한 판은 역시 또 반집 차였다. 그 후 1990년 처음으로 창호에게 타이틀을 빼앗긴 최고위전에서도 2 대 2로 팽팽한 승부를 펼쳤으나 마지막 5국에서 역시 창호에게 반집 차로 졌다.

이후로도 창호와 정상에서 수많은 대국을 치렀는데 결정적인 순간마다 반집패가 재연되었다. 나와 창호의 통산 상대 전적은 194승 119패로 창호가 앞선다. 이 가운데 나의 반집승이 다섯 번인데 비해 창호의 반집승은 스무 번이나 된다. 반집승은 창호가 발견한 나의 아킬레스건이었다. 창호는 스승과 다른 길을 묵묵히 걸어감으로써 스스로 스승을 능가하는 법을 깨우친 것이다.

창호는 나를 이기기 위해 나를 연구했다. 나의 기보를 낱낱이 분석하고 어떻게 하면 이길 수 있을지, 빈틈이 어디인지를 집중적으로 파고든 것이다. 이창호가 나타나기 전까지 나의 바둑을 이길 수 있는 사람은 그리 많지 않았다. 그런데 창호가 두터운 행마와 슈퍼컴퓨터 같은 계산력으로 나의 허점을 파고들었던 것이다. 내가 미처 계산하지 못했던 딱 반집의 틈을 창호는 놓치지 않았다.

이것은 실력의 차이가 아니다. 승부의 세계에서 이기는 자가 강한 자임을 부인할 수 없지만 바둑에는 실력만으로 표현할 수 없는 무언가가 있다. 이것은 새로운 '류'의 충돌이다. 나의 류와 이창호의 류는 너무나 달랐다. 아니, 이창호의 류는 어디에서도 본 적이 없는 새로운 류였다. 바둑이라는 진리를 깨우치는 데에는 수많은 길이 있다. 창호와 나는 전혀 다른 경로를 택했다. 그래서 다른 기사들은 물론 나 자신도 깨닫지 못했던 나의 약점을 창호만이 볼 수 있었던 것이다.

물론 창호도 허점이 있다. 그걸 훗날 이세돌이 나타나 파고들었다. 바둑의 역사는 이런 식으로 진보한다. 나와 전혀 다른 류를 가진 이창호가 나를 이겼고, 또 이창호와 전혀 다른 류를 가진 이세돌이 이창호를 이겼다. 이세돌은 박정환의 류에, 박정환은 신진서의 류에 밀려났다. 이제 또 다른 새로운 '류'를 가진 자가 등장해야 신진서를 꺾을 수 있을 것이다.

새로운 류란 이기는 류다. 그것은 상대방을 끊임없이 연구하고 분석하여 그 빈틈을 파고들면서 탄생한다. 지금까지는 아무도 생각하지 못했던 창의적인 류라고도 말할 수 있다.

나는 세상이 돌아가는 법에서도 이러한 류의 법칙을 늘 목격한다. 지도자는 새로운 정치철학을 갖고 등장하는 새 인물에 의해 권력을 내려놓는다. 기업인들은 변화와 혁신이라는 새로운 시대의 요구에 부응하지 않으면 순식간에 도태된다. 회사가 직원에게 요구하는 재주와 덕목도 시대에 따라 달라진다. 과거에는 성실과 충성을 요구했다면, 한동안은 영어 실력과 스펙을 요구했고, 지금은 또 달라져서 원만한 성품과 창의성을 요구한다. 미래에는 또 어떤 인재상을 원할지 알 수 없는 일이다.

가정에서도 그렇다. 시대가 요구하는 새로운 아버지 상, 어머니 상이 있다. 부부 사이, 부모 자식 사이에도 새로운 류가 등장하여 관계의 변화를 가져온다. 그러므로 시대에 맞춰 변화해야 한다. 가부장적인 아버지는 권위를 내려놓아야 하고, 아이에게 순종을 요구하는 어머니는 친구 같은 엄마가 되기 위해 노력해야 한다.

성공을 위해 노력하는 사람이라면 자신이 어떤 류를 갖고 있는지 돌이켜봐야 한다. 누구나 갖고 있는 낡은 류는 아닌가. 아무에게도 없는 새롭고 창의적인 류인가. 남과 다른 류를 가지는 것이 가장 큰 경쟁력이다. 과연 다가오는 새로운 류는 무엇일까? 그 류는 이미 시작됐다. 그것을 잘 읽고 준비하는 사람이 미래를 주도할 수 있다.

싸움에 대한 예의

1986년 새해가 밝았을 무렵, 바둑팬들은 역사상 유례를 찾을 수 없는 기이한 장면을 목격했다. 일본 기성전 결승에 조치훈이 휠체어를 탄 모습으로 나타난 것이다.

조치훈은 일본 지바의 자택 근처에서 차를 몰고 나오다가 어느 청년이 탄 오토바이와 가벼운 접촉사고가 났다. 차에서 내려서 사고를 수습하고 있는데, 뒤에서 승합차 한 대가 느닷없이 달려와 조치훈을 치고 달아나버렸다. 상태는 심각했다. 오른쪽 다리 정강이뼈가 부러져 밖으로 튀어나왔고 왼쪽 무릎인대가 끊어지고 왼쪽 손목이 부러졌다. 머리에도 외상이 있었으나 CT 촬영 결과 다행히 뇌에는 이상이 없는 것으로 나타났다.

바둑계는 난리가 났다. 불과 일주일 후면 기성전이 시작되는데 타이틀 방어자가 15시간에 걸친 대수술을 받고 온몸에 깁스를 하고 누워 있으니 어쩌면 좋은가. 대회를 해야 하나 연기해야 하나 우왕좌왕하고 있는데, 조치훈이 참가 의사를 밝혔다.

"머리와 오른손이 멀쩡한 것은 바둑을 두라는 하늘의 뜻이다. 당장이라도 바둑을 두겠다."

이렇게 해서 조치훈이 휠체어를 타고 대국장에 나타난 것이다. 그는 환자복 차림에 왼발과 다리에 깁스를 하고 무릎에는 담요를 덮고 있었다. 몸이 불편한 게 역력했지만 대국을 진행하겠다는 의지는 확고했다.

제1국은 졌다. 역시 그 몸으로 싸우기는 무리였던 걸까. 다들 이런 생각에 빠져 있을 때 그가 2국과 3국을 통쾌하게 내리 이겼다. 특히 2국에서는 바둑 역사상 길이 남을 훌륭한 기보가 만들어졌다. 사람들은 놀랐다. 이것이 전치 3개월 중상을 입은 자의 바둑이란 말인가.

결과적으로 이때의 기성전은 2 대 4로 조치훈이 패했다. 이로 인해 한때 기성, 명인, 본인방의 3대 타이틀을 동시에 보유했던 일본의 바둑 황제가 무관의 신세가 되었다. 하지만 아무도 조치훈을 초라하다고 말하지 않았다. 그가 보여준 휠체어 투혼만으로도 충분한 감동을 주었기 때문이다. 그런데 조치훈 외에도 감동을 준 사람이 한 명 더 있다. 바로 그의 상대였던 고바야시 고이치다. 잉창치배에서 나에게 지옥 같은 8강전을 안겨줬던 바로 그 사람.

조치훈과 고바야시 고이치는 일본 바둑 역사에서 영원한 숙적으로 불리는 사이다. 두 사람 모두 같은 시기에 기타니 문하˙에서 수학했고 또 후지사와연구회에도 같이 다니며 유년기를 함께 보낸 벗이었다. 나도 일본 유학 시절 후지사와연구회에서 늘 두 사람과 함께 어울리곤 했다.

두 사람 중에 먼저 두각을 나타낸 건 조치훈이었다. 그는 스물네 살에 오타케 히데오(大竹英雄) 9단을 꺾고 명인에 올랐고, 그 후 쭉 상승하여 '대삼관(大三冠)'˙˙이 되었다. 그는 정상의 자리에서 고바야시 고이치를 기다렸다. 어린 시절부터 그를 가장 두렵게 했던 자였고, 세상에서 가장 지독하게 노력하는 기사였기 때문이다. "매일매일 노력하는 사람이 가장 두렵다"라는 조치훈의 말은 고바야시를 염두에 둔 것이었다.

마침내 때가 왔다. 1985년 고바야시가 명성 있는 뛰어난 기

˙   기타니 미노루가 만든 바둑 도장으로, 세고에 도장과 함께 한때 일본 바둑 교육의 양대 산맥으로 불린다.
˙˙   기성, 명인, 본인방의 일본 3대 기전을 동시에 보유한 자.

사들을 제압하고 명인전 도전자로 올라왔다. 초반에 밀리던 조치훈은 끈질긴 추격으로 제7국까지 가는 데 성공했으나 결국 4 대 3으로 고바야시에게 패했다. 그때부터 고바야시는 조치훈을 본격적으로 위협했다. 조치훈은 하나씩 타이틀을 잃고 기성만 지키게 된 반면 고바야시는 십단에 명인 그리고 천원까지 합병하여 3관왕에 올랐다. 그리고 마침내 1986년, 조치훈이 마지막으로 지키고 있던 기성전에 도전자로 올라온 것이다.

일생일대의 숙적을 외나무다리에서 만났는데 상대방이 온몸에 붕대를 감고 휠체어를 타고 있는 모습이라면 기분이 어떨까? 보통 사람이라면 그런 상황에서 싸우고 싶지 않을 것이다. 이겨도 영광이 될 수 없고 지면 오히려 상처로 남을 수 있기 때문이다. 그런데 고바야시는 조치훈을 병문안 간 자리에서 대국을 예정대로 치르겠다는 그의 뜻을 받아들였다. 그러고는 그는 어떤 망설임도 없이 최선의 경기를 보여주었다.

두 사람이 당시 어떤 마음이었는지는 후에 출간된 회고록과 여러 인터뷰를 통해서 알 수 있다. 고바야시는 이렇게 말했다.

"조치훈은 휠체어에 앉아 있었지만 평소보다 강했다. 그것은 대등하게 싸우고 싶다는 그의 요청이었다."

고바야시는 조치훈을 환자로 여기지 않고 강력한 라이벌로 보았다. 동정은 하지 않았다. 그가 강한 만큼 고바야시도 강하게 맞섰다. 조치훈도 이렇게 말했다.

"휠체어 대국의 희생자는 내가 아니라 고바야시였다. 부상당한 사람을 상대로 싸우기는 어려웠을 것이다. 하지만 그는 투철한 승부욕으로 나를 상대해주었다. 그렇게 할 수 있는 사람은 별로 없을 것이다."

조치훈은 말한다.

"확실히 그때 나는 강했다. 내가 이길 수 있을 거라고 생각했다. 그러나 나는 패했고 그것은 내 한계였다. 사고 때문에 졌다는 생각은 추호도 없다."

강한 자가 이기는 것이 아니라 이긴 자가 강한 것이다. 나는 휠체어를 타면서까지 대국에 임한 조치훈도, 그 대국을 받아들인 고바야시도 모두 멋지다고 생각한다. 두 사람의 대국 장면은 겉으로 보기에는 한쪽에 불리한 것 같았지만 실상은 전혀 그렇지 않았다. 두 사람은 팽팽히 싸웠고 그중 한 명이 이겼을 뿐이다.

스스로 강한 자는 절대로 변명하지 않는다. 열심히 노력하는 자는 지더라도 당당하다. 내가 승부에 졌다면 그건 내가 덜 강하기 때문이다. 그걸 인정하고 더욱 노력하면 된다.

나는 고수가 갖춰야 할 싸움에 대한 가장 중요한 예의는 최선을 다하는 것이라고 생각한다. 끝나지도 않았는데 미리 체념하거나 상대가 약하다고 해서 설렁설렁 싸우는 건 승부사의 자세가 아니다. 이는 상대방을 얕잡아본다는 뜻이다. 이러면 상대방은 설사 이긴다 해도 기쁘지 않을 것이다. 정말로 나를 강력한 경쟁자로 인정하고 최선을 다해 격파해주는 것이 오히려 고맙다.

최근 몇 년간 우리나라에는 스포츠계 여러 분야에서 승부 조작, 담합, 편파 판정 등의 문제가 심각하게 제기되고 있다. 축구, 배구에 이어 배드민턴과 씨름까지 홍역을 앓았다. 나는 이 문제가 꼭 스포츠인들의 인성 문제만은 아니라고 생각한다. 외부의 압력과 돈에 대한 유혹, 또 조직이 결정하면 선수는 따를 수밖에 없는 문화 등 복합적인 이유가 있을 것이다. 이 문제는 우리 사회의 현주소를 그대로 보여주는 거울이다.

나 역시 스포츠 선수다. 그렇기에 나는 매 대국에 최선을 다한다. 비록 나이가 들어 실수가 잦아지긴 했지만 절대로 대충 싸우는 법은 없다. 그건 싸움에 대한 예의가 아니다.

2001년 삼성화재배 결승에서 중국의 일인자인 창하오(常昊)를 상대로 우승했을 때, 중국 취재진들이 불만을 쏟아낸 적이 있다. 이제 중국이 이길 차례가 되었는데 다 늙은 내가 자꾸 중국 기사들의 길목을 막고 있다는 원망이었다.

한 기자가 말했다.

"당신은 명예와 부를 누릴 만큼 누리지 않았는가. 이제 제발 중국의 후진들을 위해 길을 좀 터주길 바란다."

나는 잠시 생각한 후 대답했다.

"진정으로 중국 바둑과 중국의 후배 기사들을 위하는 길은 만날 때마다 최선을 다해 바둑을 두는 것이라고 생각합니다."

나의 답변에 중국 기자들은 입을 다물었다. 그들도 진정한 스포츠 정신이 무엇인지를 잘 알기 때문이었을 것이다.

---

*　　이 부분은 정확한 사실을 전하기 위해 유승필 바둑전문기자의 칼럼을 참조했다(《역사상의 라이벌 조치훈과 고바야시 고이치》, 《위고바둑》, 2003. 1.).

언제나 승자의 기백을 가져라

바둑판 위에서는 두 명의 대국자 외에는 아무도 알 수 없는 그들만의 기싸움이 벌어진다. 이것은 기력을 다투는 것과는 별개로 순전히 정신적인 싸움이다.

예를 들어, 내가 도발을 했는데 상대방이 자신 있게 받아치지 않고 도망치거나 우물쭈물 어쩔 줄 몰라 하는 느낌을 받을 때가 있다. 도발을 꼭 받아쳐야만 하는 것은 아니지만, 무시하고 자기 갈 길을 가는 것과 도망치는 것은 분명한 기운의 차이가 있다. 앞의 경우에는 자신감, 기백, 기세등등함이 느껴지지만 뒤의 경우에는 초조함, 초라함, 심지어 비굴함이 느껴질 때도 있다. 이런 기운을 느낄 정도면 이미 승패는 결정된 것이나 마찬가지다. 아무리 실력이 좋은 바둑 기사라고 해도 심리적으로 위축된 상태에서는 제대로 된 경기를 펼칠 수 없기 때문이다.

승부의 첫째 조건은 뭐니 뭐니 해도 기백이다. 표정도 자세도 행동도 자신만만해야 한다. 아무리 대단한 상대를 만났다고 해도 기가 죽지 않아야 한다. 쫄았다는 걸 들키는 순간 상대방의 기세가 등등해진다.

이건 참으로 불가사의한 일이다. 기운이라는 건 눈에 보이지도 않고 손으로 만져지지도 않는데 느낌으로는 분명히 존재한다. 자신감이 흘러넘치는지 마음 한구석이 불안한지, 대범한지 소심한지, 서로의 마음 상태를 대번에 느낄 수 있다. 더 불가사의한 건 기운은 스스로 약할수록 더 약해지고, 강할수록 더 강해진다는 점이다. 마치 상승 공기를 만날수록 더욱 막강해지는 토네이도처럼 자신감을 가질수록 더 커진다.

또한 기운은 서로 영향을 준다. 불안한 기운은 자신만만한 기운을 느낄수록 더 악화된다. 자신만만한 기운은 불안한 기운을 잡아먹으면서 더욱 강해진다. 한마디로 내가 불안해할수록 상대방은 강해진다. 그러므로 결전의 순간, 주눅 든 마음으로 링 위에 오르는 건 패배를 자초하는 것이다. 덤빌 테면 덤벼라! 너도 잘났지만 나도 잘났다! 그래, 한번 붙어보자! 이런 배짱과 기백이 있어야 한다.

잉창치배에서 내가 이길 수 있었던 건 이러한 기백 덕분이었을 수도 있다. 사실 진짜로 이길 수 있다는 자신감이 있었던 것은 아니다. 만만한 상대는 단 한 명도 없었다. 그렇지만 실수 없이 내 실력을 십분 발휘한다면 못 이길 것도 없다는 생각을 품었다. 상대방이 그의 바둑을 두듯 나도 내 바둑을 두면 되는 것이 아닌가.

이러한 생각은 고바야시 고이치와 8강전을 치르면서 더욱 강해졌다. 고바야시는 불과 몇 개월 전 후지쯔배에서 나에게 1회전 탈락이라는 아픔을 안겨준 자였다. 그때 나를 포함하여 한국 기사 세 명이 전부 1회전에서 탈락했기 때문에 더욱 뼈아픈 기억이었다. 당시에 모든 언론은 한국 바둑이 아직 멀었다는 평가를 내렸다. 그런데 나는 오히려 후지쯔배를 치른 후 싸워볼 만하다는 결론을 얻었다. 일본 바둑과 한국 바둑이 수준 차가 있긴 하지만 압도될 만큼은 아니었다. 나도 그렇지만 다른 기사들도 중반에 어이없는 실수와 계산 착오만 없었다면 더 길게 버틸 수 있었고 심지어 이길 수도 있었다. 어쩌면 우리에게 필요한 것은 많은 경험과 자신감일지도 모른다고 생각했다. 그리하여 잉창치배에서 고바야시를 다시 만났을 때, 나는 내 바둑을 믿기로 했다. 긴장하지 않고 집중한다면 얼마든지 대등한 경기를 펼칠 수 있다고 생각했다.

고바야시와의 대국은 지독한 수읽기의 연속으로 지금 생각해도 머리가 터질 듯이 아프지만, 나는 그 긴장의 순간들을 나 자신을 믿으며 견뎌냈다. 중반에 한 번의 실수를 저질러 승부를 포기해야 할 지경에 몰렸지만 더 큰 기회가 있을 것이라 믿고 집요하게 버텼다. 종반에는 잃을 것이 없다는 생각으로 과감한 공격을 퍼부었다. 내 기백에 놀란 것일까. 고바야시가 기가 죽어 물러서는 것이 느껴졌다.

바둑판이 다 메워지고 마침내 계가가 끝났을 때, 다들 눈을 의심했다. 분명히 내가 지는 게임이었는데 응씨룰•로 계산해 보니 오히려 내가 1과 6분의 5집을 앞선 것이다. 이렇게 해서 나는 준결승으로 가는 길목의 가장 큰 장애물인 고바야시를 넘을 수 있었다. 워낙 막강한 상대였기에 이긴 후 기쁨도 컸다. 그리고 자신감도 더 붙었다.

이 기세를 몰아 나는 준결승에서 '이중허리' 린하이펑을 만났다. 얼마나 끈질긴지 허리가 한 번 잘려서는 좀처럼 죽지 않는다는 린하이펑. 그의 바둑은 느리고 무디지만 신중하고 두텁다는 평가를 받는다. 좀처럼 실수를 하지 않는 치밀한 바둑이다. 나는 이번에도 사납게 덤벼들었다. 길게 끌수록 이

•　　　잉창치배에서만 적용되는 바둑룰.

기기 어렵다는 것을 알기에 초반부터 내 스타일대로 끌고 가고 싶었다. 그런데 누가 그의 바둑을 무디다고 했던가. 막상 싸움을 걸자 그는 누구보다도 냉혈한 검객이 되었다. 한 번 칼에 깊숙이 찔리면 정신이 아득해질 지경이었다. 겉으로는 고요해 보이지만 유혈이 낭자한 잔인한 승부. 이것은 정신력 싸움이다! 누구든 정신을 차리는 사람이 승자가 될 것이다!

나는 그가 어떤 공격을 해도 흔들리지 않으려고 노력했다. 그리고 나 역시 생각해낼 수 있는 가장 지독한 공격을 퍼부었다. 마침내 계가가 끝났을 때 나의 5집승을 확인할 수 있었다. 이처럼 결승에서 녜웨이핑을 만나기 전에 고바야시와 린 하이펑을 차례로 이긴 것이 나에게는 대단한 득이 되었다. 오랜 세월 시달려왔던 일본 바둑에 대한 콤플렉스가 완전히 사라진 것이다.

그렇다. 바둑은 바둑일 뿐이다. 일본 바둑, 중국 바둑, 한국 바둑 등의 구분은 실전에서는 아무 소용이 없다. 바둑 기사는 각자 자신의 지식과 경험, 창의성을 마음껏 발휘하여 자신만의 바둑을 둘 뿐이다.

이런 자세로 나는 끝까지 중심을 잡고 내 갈 길을 걸었다. 녜웨이핑과의 결승에서 비록 첫판을 이긴 이후로 내리 두 판을 졌지만, 달라지는 것은 없었다. 아직 두 판이 남았고 정신만 차리면 얼마든지 이길 수 있다고 생각했다. 아마 녜웨이 핑도 이런 나의 기운을 느꼈을 것이다. 어쩌면 두 판이나 내리 지고도 어떻게 저렇게 담담할 수 있나 생각했을 수도 있다. 일본의 쟁쟁한 바둑 기사를 죄다 물리친 황제 앞에서 어떻게 변방의 이름 없는 바둑 기사가 주눅도 들지 않나 신기했을 수도 있다. 조금도 물러서지 않는 나의 기세에 놀라고, 꼭 이겨야 한다는 부담감에 짓눌려 결국 수세에 몰려 돌을 던져야 했는지도 모른다. 그것은 실력의 차이가 아니었다. 그보다는 기백과 자신감의 차이, 압박감을 이겨낼 수 있는 담력과 집중력의 차이가 더 컸다고 나는 생각한다.

바둑에서는 이런 것이 잘 드러나지 않지만 다른 스포츠에서는 여실히 드러난다. 관전을 하다 보면 어느 쪽이 기가 죽고 어느 쪽이 기가 펄펄 살았는지 관중의 눈에도 잘 보인다. 한쪽의 시퍼런 기세에 다른 한쪽이 쪼그라들기 시작하면, 게임의 결말이 어떻게 될지 빤히 보인다. 그래서 스포츠 선수들은 유난히 기백을 과시하는 행동을 많이 한다. 격투기 선수들이 링 위에서 눈알을 부라리고 기합을 불어넣고 허공에 주먹을 날리는 시늉을 하는 것은 상대방에게 겁을 주기 위해서다. 테니스나 탁구 시합에서 선수들이 서브를 하면서 괴성을 지르는 것도 마찬가지다. 왜 이런 행동을 하는 걸까? 자신 있는 모습을 보여주면 보여줄수록 그만큼 나의 기운이 강해지기 때문이다.

　일상을 살아갈 때도 매 순간 자신감이 흘러넘치는 태도로 행동해야 한다. 특히 결정적인 승부의 순간이라면 의식적으로 어깨를 펴고 고개를 치켜들고 더 당당하게 걸어야 한다. 단순히 표정과 자세만 바꾸어도 순식간에 얼마나 기운이 달라지는지 놀라울 정도다. 자신감은 든든한 배경, 탄탄한 실력, 멋진 외모에서 나오기도 하지만 일종의 자기애, 최면이기도 하다. 나도 할 수 있다. 나도 못할 게 없다. 저 사람에 비해 내가 꿀릴 게 없다. 이런 생각을 하며 수없이 자기최면을 걸어야 한다. 필요하다면 가장 좋은 옷을 입고 멋지게 외모를 꾸밀 줄도 알아야 한다. 나도 어쩌다 자식들이 선물한 빳빳한 깃의 하얀 와이셔츠를 입거나 색이 고운 넥타이를 하면 나도 모르게 어깨가 펴지고 발걸음에 힘이 들어가는 걸 느낀다. 자신감은 이렇게 백화점에서 간단하게 사올 수도 있다.

　자신감을 가지려면 무엇보다 자신감을 기를 기회를 많이 만들어야 한다. 여러 종류의 시험과 테스트에 도전하는 것, 수없이 면접을 보는 것, 여러 사람 앞에서 발표하는 것, 낯선 일에 도전하는 것, 더 어려운 업무를 수행하는 것 등. 이런 경험을 반복해야만 더 노련해지고 영리해진다. 처음에는 자꾸 실수를 저지르고 야단을 맞아서 스스로 초라해지고 밑 빠진 독에 물 붓기처럼 느껴지겠지만 그리고 그럴수록 자신감이 추락하겠지만, 이런 경험이 반복되어야만 자신감을 쟁취할 기회, 즉 성취할 기회를 갖게 된다. 이기기 위해서는 먼저 수없이 져야 한다. 따라서 지는 것을 두려워하지 않는 자만이 자신감을 가질 수 있다.

그러니 어떤 상황, 어떤 상대 앞에서도 기가 죽어서는 안 된다. 어깨를 당당히 펴자. "아합!" 하며 큰 소리로 기합을 불어넣자. 그리고 문을 열고 당당히 걸어 들어가자.

4단

판을 읽는 능력을 길러라

'지금, 여기'를 긍정하라

내가 9년간의 일본 유학 생활을 접고 한국으로 돌아왔을 때 당장 문제가 되는 건 언어였다. 그사이 우리말을 거의 잊어버린 것이다. 당시에 나는 '엄마'와 '아빠'는 기억했지만 '누나'와 '동생'은 기억하지 못했다. '물'이라는 단어를 떠올리는 데에도 한참 걸렸다.

다행히 집에서는 아버지와 어머니가 일본말을 하실 줄 알아서 큰 불편은 없었지만 밖에서가 문제였다. 기원의 선배와 동료들은 간단한 단어조차 못 알아듣는 나를 신기한 눈으로 바라보았다. 개중에는 우리말을 가르쳐준답시고 짓궂은 말을 알려주고 실수를 하게 만드는 사람도 있었다. 사람들이 내 말에 폭소를 터뜨리면 나는 상처를 입었다. 이 때문에 점점 말을 아끼게 되었고 덩달아 표정도 어두워졌다. 원래 나는 잘 웃고 사람들과 잘 어울리는 사람인데 한국에 돌아와서는 점점 내성적인 성격으로 변해갔다. 유학 시절의 앨범을 보면 환하게 웃는 사진이 많은데 한국에 돌아와서는 웃고 있는 사진을 좀처럼 찾을 수가 없다.

혼란스러운 건 언어만이 아니었다. 기원의 분위기도 일본에 있을 때와는 사뭇 달랐다. 일본 기원에서는 또래 기사들과 어울리며 연구하고 검토하는 일을 주로 했는데, 여기서는 무조건 실전이었다. 기원에 나가면 누구든 눈이 마주치는 기사와 다짜고짜 앉아서 짜장면 내기바둑을 벌여야 했다. 일본에서는 기사들끼리 내기바둑을 잘 두지 않는데 한국에서는 아주 자연스러운 문화로 자리 잡고 있었다. 그해 나는 매일 기원에 나갔고 대회에도 참가했지만 마음을 잡지 못했다. 성적도 그저 그랬다. 군입대를 앞두고 있었던 탓도 있지만 근본적인 문제는 갑자기 너무나 딴 세상에 떨어졌다는 것이었다.

일본에서 바둑은 철저히 '도(道)'였다. 바둑 앞에서 사람들은 엄숙하게 예를 다했다. 심지어 기원에서 동료와 속기로 한 판을 둘 때에도 예의를 지켰다. 바둑판 앞에서는 나이가 어리다고 나를 어린아이 취급하거나 하대하는 사람이 아무도 없었다. 특히 '위대한' 세고에 겐사쿠의 제자인 만큼 나는 그에 걸맞는 대우를 받았다. 선생님 댁에는 바둑에 조예가 깊은 정치인, 고위 공직자, 기업가 등이 찾아오곤 했는데 그들은 나에게 바둑을 청할 때마다 무릎을 꿇고 고개를 숙였다.

"조 선생님, 한 수 가르쳐주십시오."

머리가 희끗희끗한 어른들이 내 앞에 무릎을 꿇었다고 해서 우쭐한 마음이 들거나 거만해졌던 건 절대로 아니다. 오히려 그들의 엄숙하고 진지한 태도가 나를 더욱 겸손하게 만들었다. 예란 바로 이런 것이다. 상대방을 예우함으로써 서로 겸손해지는 것.

이런 분위기에 익숙한 나에게 한국은 혼돈 그 자체였다. 어딜 가도 나이를 물어봤고 열아홉이라고 대답하면 곧바로 어린아이 취급을 당했다. 형이라고 부르라는 사람, 선배라고 부르라는 사람, 선생님이라고 부르라는 사람들을 구분해야 했다. 가끔은 돈 좀 있고 백 좀 있다는 사람들이 기원으로 찾아와서는 큰소리로 나를 불렀다.

"어이, 조군! 이리 와서 한 판 하세!"

정신적으로 혼란스러웠다. 내가 익숙했던 세계와 너무나 달라서 어떻게 받아들여야 할지 몰랐다. 이런 이유로 마음을 잡지 못하는 나에게 김인 선배가 많은 도움을 주었다. 김인 9단은 나와 같은 호남 출신인데다 나보다 앞서 일본 기타니 문하에서 약 2년 정도 유학을 한 경험이 있어서 내가 무엇 때문에 힘들어하는지 말하지 않아도 잘 알았다.

김인 선배는 일본 유학을 마치고 돌아와 곧바로 조남철 국수를 밀어내고 한국 바둑의 새로운 시대를 연 인물이다. 술을 사랑하고 서예도 수준급인 김 선배는 바둑을 예술이라고 생각했다. 대국을 하다가도 자신의 내용이 마음에 안 들면 망설임 없이 돌을 던지는 예술가 같은 사람이었다. 선배는 나를 술집으로 산으로 데리고 다니면서 한국 분위기에 적응하지 못하고 방황하는 나에게 많은 얘기를 해주었다.

"일본 바둑은 도와 예를 중요시 여기고 한국 바둑은 그저 싸움판인 것이 사실이지만, 어느 쪽도 잘못된 것은 없어. 그저 다른 것일 뿐 어느 한쪽도 틀린 건 아니야. 네가 일본에 있었을 때 일본식으로 바둑을 했다면, 이제 한국에 왔으니 한국식으로 하면 돼."

그러면서 척박한 한국에서 바둑이 빠르게 발전하려면 이런 싸움판의 단계를 거치는 게 지름길일 수 있다고 말해주었다.

선배의 말은 적중했다. 그로부터 약 10여 년 후부터 한국 바둑은 세계 정상으로 발돋움한 반면 일본 바둑은 서서히 내리막을 걷기 시작했다. 일본이 형식에만 너무 집착하는 사이에 한국 바둑은 훌륭한 경쟁 시스템을 구축하면서 껑충 도약한 것이다.

선배의 말을 듣고 난 후 나는 한 판 두자고 달려드는 사람들을 밀어내지 않기로 했다. 생각해보니 김인 선배의 말대로 잘못된 건 하나도 없었다. 한국은 몇 개월이라도 먼저 태어난 사람을 형이라고 우대해주는 문화가 있으니 만나자마자 나이를 묻는 게 당연했다. 또 내가 아무리 세고에 문하에서 수학했다고 해도 한국에서는 그냥 열아홉 살 청년일 뿐이었다. 끈질기게 달라붙는 짜장면 내기바둑도 실전감각을 훈련하기에 더없이 좋았다.

내가 일본을 떠날 때 나를 매우 아껴주었던 후지사와 슈코 선생님은 "쿤켄이 진흙 속에서 썩게 되었다"라며 무척 안타까워하셨다. 최고의 바둑 환경을 갖고 있는 일본을 떠나 불모지와 다름없는 한국으로 돌아가는 내가 측은했던 것이다. 하지만 사냥개들이 득실거리는 그 험한 들판이야말로 나를 단련시킨 최고의 환경이 되었다. 후지사와 선생님도 한참이 지나 내가 잉창치배에서 우승했을 때 누구보다도 기뻐해주었고 그 이후로 한국 바둑의 열렬한 팬이 되었다.

사람들은 현실에 불만을 갖고 어딘가 다른 곳으로 가면 더 좋을 것이라고 막연히 생각한다. 하지만 내가 깨달은 바로는 지금 여기, 바로 이 순간이 최고의 환경이다. 불만을 갖고 환경 탓을 하면 아무것도 바뀌지 않는다. 하지만 지금 여기가 최선의 자리라고 생각하고 꿈을 위해 열심히 노력하면 달라지기 시작한다.

바둑은 지금 여기, 현재가 중요하다고 말한다. 바둑을 둘 때는 모든 잡념을 버리고 오로지 바둑판 위에 마음을 집중해야 한다. 우리의 삶도 마찬가지다. 지금 있는 자리가 최선의 자리다. 지금 이 순간이 다시없는 소중한 시간이다. 모든 꿈의 출발은 '지금, 여기'다.

이 판은 아직 끝나지 않았다

바둑 격언 중에 '반외팔목(盤外八目)'이라는 말이 있다. 바둑 판 밖에서 보면 8집이 더 유리하다는 뜻으로, 불안감이나 욕심 때문에 눈앞에 있는 이익을 제대로 보지 못하는 걸 비유하는 말이다.

바둑을 하는 사람들은 실제로 이런 경험을 많이 한다. 바둑판 가까이에서 들여다볼 때는 자신이 불리한 것처럼 여겨지는데 멀리 떨어져서 보면 오히려 앞서고 있다. 나중에 복기를 하면 그때서야 왜 내가 그것을 못 봤을까 후회를 한다.

인생도 그렇다. 사람은 각자 자신의 고난이 가장 크다고 생각하기에 자기만 불행하다고 여긴다. 다른 사람들은 좋은 부모를 만나 편하게 사는데 왜 나만 혼자 고생인 걸까. 다른 사람들은 얼굴도 잘생기고 몸매도 좋은데 왜 나는 이런 못생긴 모습으로 태어났나. 다른 사람들은 말도 잘하고 사교성도 좋은데 왜 나는 이 모양일까. 다른 사람들은 저 나이에 집도 있고 차도 있는데 왜 나는 이렇게 가난한 걸까…….

하지만 멀리서 당신을 바라보는 사람은 또 이렇게 생각하고 있을지도 모른다. 저 사람은 좋겠다. 직장도 괜찮고 여자친구도 있고 인상도 좋고, 여러모로 나보다 낫구나. 참 부럽다…….

세상은 그런 것이다. 불공평하게 굴러가는 것 같지만 상대적으로 보면 다 똑같다. 누구든 자신에게 부족한 것을 아쉬워하고 타인을 부러워하며 살고 있다. 이러한 부러움이 단순한 질투를 넘어 야심과 성취로 이어지는 사람은 많지 않다. 대부분의 사람은 불평만 한다. 하지만 소수의 용기 있는 사람은 그 벽을 뛰어넘어 높이 올라간다. 더 이상 누구도 부러워할 필요가 없는 당당한 존재가 되는 것이다.

내 주변에서 그런 인물을 찾자면 수없이 많지만, 그중 가장 파란만장한 인생을 산 사람은 바로 차민수일 것이다. 드라마 〈올인〉의 실제 모델로 잘 알려진 차민수는 내가 일본에서 귀국해서 기원에서 만난 친구다. 말이 서툴러 낯을 가리고 수

줍어하던 나와 달리 차민수는 멋진 외모만큼이나 당당하고 누구에게나 말을 잘 걸고 잘 웃는 멋진 청년이었다. 당시 그는 아직 입단 전이었지만 이미 프로를 위협할 정도의 아마 강자로서 명성을 날리고 있었다. 영등포 기원에서 차민수에게 당하지 않은 프로가 없을 정도였다.

우리가 본격적으로 친해진 건 군대에서 재회했을 때부터였다. 일본에서 귀국한 후 육군에서 불러주기를 하염없이 기다리던 나는 더 이상 시간을 끌 수 없어서 공군에 자원입대를 했다. 처음에는 성남 비행장에서 근무하다가 대방동 공군대학교 교수부로 옮겼는데, 그곳 피엑스(PX)에 차민수가 근무하고 있었다.

차민수는 이미 장교들 사이에서 악명이 높았다. 입단한 지 몇 개월밖에 안 된 놈이 장교들을 다 굴복시켰다며, 고참들이 나에게 혼꾸멍을 내주라는 특명을 내렸다. 그렇게 비밀병기로 차출되어 차민수를 다시 만났는데, 그날 나는 보기 좋게 한 집 차로 패했다. 실력도 실력이지만 기세가 대단했다. 6단인 내 앞에서도 전혀 쫄지 않았다. 그날부터 우리는 얼굴을 볼 수 있을 때마다 바둑을 두었다. 얼마 후부터 나는 군인 신분으로 대회에 참가할 수 있게 되었는데, 군대에서 차민수와 두었던 100여 판의 초속기 대국이 큰 힘이 되었다.

나는 차민수가 전역을 하면 곧바로 대회에 출전하여 돌풍을 일으킬 거라고 생각했다. 그는 정말 뭐 하나 모자란 게 없는 친구였다. 잘생긴 외모에 유복한 집안에 타고난 재주까지. 그는 바둑뿐 아니라 수영, 탁구 등 운동도 잘하고 심지어 피아노와 바이올린도 연주할 줄 알았다. 그 좋은 머리로 뭐든 시작하면 스펀지처럼 빨아들이고 게임을 하듯이 정복했다. 그런데 그의 열정을 펼치기에는 바둑판이 너무 좁았던 것일까. 그는 전역을 하자마자 미국 이민이라는 예상 밖의 선택을 했다. 그리고 그곳에서 전문 갬블러라는 또 다른 꿈과 마주했다.

그는 피나게 노력하여 갬블러로서 크게 성공했다. 한때는 1년 수입이 400만 달러에 육박했다고 하니 엄청난 성공을 거둔 것이다. 하지만 그 사이에는 우여곡절이 많았다. 그가 갬블러로 승승장구할 무렵 나는 창호에게 거의 모든 타이틀을 내어주고 홀가분한 마음으로 미국에 가서 그를 만났다. 그는 대저택에서 아내와 아이들과 행복한 모습으로 살고 있었다. 여전히 내가 기억하는 당당하고 자신만만한 모습이었다.

그런데 어느 날 밤 얘기를 나누던 중 그가 눈시울을 붉혔다. 첫 결혼에 실패하고 전 재산을 위자료로 넘기고 아이들과도 생이별을 해야 했던 이야기를 들려주면서였다. 빈털터리로 한국에 와서 반년 가까이 허름한 여관에서 지내며 밑바닥 인생을 살았던 이야기가 봇물 터지듯 흘러나왔다.

"사람의 몸에 수분이 그렇게 많은 줄 몰랐어. 하루 종일 울었는데 눈물이 마르지 않고 펑펑 나오더라고."

다시 미국으로 돌아갔을 때, 그의 수중에는 단돈 18달러밖에 없었다고 한다. 그는 20달러 내기바둑으로 열심히 돈을 모았다. 그렇게 해서 목돈 1600달러를 모은 뒤 다시 카지노로 달려갔다. 그의 진짜 승부는 바로 이때 시작되었다. 그는 다시 살고 싶어서 이를 악물고 갬블을 했고 조금씩 희망을 되찾았다. 지금의 예쁜 아내도 만났고 생활의 안정도 찾게 되었다.

최근 차민수는 제 34대 한국기원 프로기사회 회장으로 선임됐고, 여전히 카지노 관련 일도 하며 전천후 인물로 활동 중이다. 이제는 만인이 그의 성공을 부러워한다. 하지만 그가 지금의 위치에 오르기까지 얼마나 많은 시련을 이겨야 했는지를 기억하는 사람은 많지 않다. 나는 차민수에게 그렇게 힘들었던 시기를 어떻게 딛고 일어설 수 있었느냐고 물었다. 그는 이렇게 대답했다.

"잘 생각해 보니까 최악은 아니더라고. 모든 걸 잃긴 했지만 그래도 신체도 건강하고 도박판에서 굴러먹을 재주도 있고, 여전히 나를 믿어주는 사람들도 있고, 얼마든지 다시 일어설 수 있겠다는 생각이 들더라고. 실패만 바라보면 죽고 싶은 심정뿐이지만 멀찍이 떨어져서 내가 처한 상황을 바라보니 아직 승산이 있다는 생각이 들었어. 그래서 더 악착같이 덤볐지.”

나는 그 즉시 이해했다. 그건 당시 나의 마음 상태와도 똑같았기 때문이다. 타이틀을 잃긴 했지만 손가락이 부러진 것도 아니고 심각한 뇌손상을 입은 것도 아니었다. 오히려 지킬 게 없으니 더 편안한 마음으로 바둑을 할 수 있을 것 같았다.

인생은 원래 그런 것이다. 다 가졌다가 다 잃어도 전혀 이상할 게 없다. 한탄하고 절망한다면 승부는 거기에서 끝난다. 그러나 계속 게임을 할 의지만 있다면 승부는 계속된다.

차민수도 나도, 우리는 거기서 그만둘 수 없었다. 나는 바둑판이었고 그는 도박판이었지만, 우리는 그 판을 떠나지 않았다. 만신창이가 된 몸일지라도 계속 싸우기로 결심했고 조금씩 헤쳐 나갔다. 그만큼 각자가 속한 세상을 사랑했던 것이다.

우리는 모두 세상이라는 거대한 바둑판 위에 서 있다. 돌을 던지고 나가는 순간 게임은 끝난다. 그러나 아직 우리에겐 보여주지 못한 수많은 가능성이 남아 있다. 자신은 아무것도 없다며 괴로워할지 몰라도 판 밖에서 바라보는 사람들의 생각은 다르다. 우리는 여전히 8집을 더 갖고 있다. 그러니 아직은 게임을 멈추지 말아야 한다.

꿈보다 현실이 먼저다

군입대를 기다리던 어느 날 기원에 나가기 위해 차비를 달라고 하니 어머니 표정에 당황하는 기색이 스쳤다.

"기다려라."

어머니는 옆집으로 달려가 돈을 빌려오셨다. 한 500원 정도였을 것이다. 그때까지 나는 서울 지리에 적응하지 못해서 택시를 타고 다니고 있었다. 어머니가 옆집에서 꿔온 돈으로 택시를 타고 나가는데 기분이 묘했다. 시간이 지나면서 그 묘한 기분은 점점 책임감으로 바뀌었다.

'내가 벌어야 하는구나.'

그때까지 나는 돈이 뭔지 잘 모르고 살았다. 사실 어려서부터 가난하게 살았지만 돈 걱정을 해본 적은 없었다. 아버지 어머니가 시장에서 채소 장사를 하며 어렵게 가계를 꾸려나 가는 걸 알았지만 그때는 다들 못 먹고 못살던 시절이라 가 난에 대한 개념 자체가 없었다. 더구나 나는 많은 사람의 후 원 덕분에 큰 어려움 없이 바둑 공부를 할 수 있었다.

일본 유학을 간 것도 모두 후원자들 덕분이었다. 항공료는 조선일보사에서 부담해주었고, 재일교포인 박순조 씨와 그 의 아들 친구인 유학생 김희운 씨가 적극적으로 나의 거취를 알아봐주었다.

가장 큰 후원자는 세고에 스승님이었다. 일본의 내제자 문 화는 수업료를 안 받는 걸로 알려져 있지만, 실제로는 기본적 인 숙식비를 받는 경우도 있고 훗날 성공한 후 어느 정도의 보답을 요구하는 경우도 있다. 하지만 세고에 선생님은 일절 그런 요구를 하지 않으셨다.

"오늘부터 너는 내 제자다."

이 한마디로 끝이었다. 9년이라는 긴 시간을 함께했지만 선 생님은 나나 우리 부모님으로부터 단 한 푼의 수업료도 사례 금도 받지 않으셨다. 오히려 며느님을 통해서 나에게 매달 몇 천 엔씩 용돈을 건네주셨다.

일본에서 내 생활은 부족함이 없었다. 한국에 비해 좋은 집에 살고 먹을거리도 많고 물자도 풍부했다. 무엇보다 돈 쓸 일이 없으니 가난할 일도 없었다. 이렇게 경제적 고민 없이 편하게 살았기에 나이 스물이 다 되도록 가난이 뭔지, 밥벌이가 뭔지 잘 몰랐다. 한국으로 돌아와서도 허름한 집과 식구들의 후줄근한 차림새에 잠깐 놀라긴 했지만 그저 일본과 한국의 격차일 거라고만 생각했다. 그런데 막상 아들에게 줄 차비가 없어 돈을 꾸러 다니는 어머니의 모습을 보자 정신이 번쩍 들었다.

'우리 집이 정말 가난하구나. 내가 벌어서 보탬이 되어야 하는구나.'

밥벌이를 고민하면서부터 철이 들고 어른이 된다더니, 그 말이 사실이었다. 바로 그 순간 나는 바둑이 내 직업이고 그 것으로 돈을 벌어야 한다는 사실을 깨달았다.

몇 달 후 기회가 왔다. 입대 직전에 부산일보에서 주최하는 최고위전에 출전하여 우승을 했다. 생애 첫 타이틀을 획득함과 동시에 상금 30만 원이라는 당시로서는 거금을 벌었다. 나는 이 돈을 몽땅 어머니에게 드렸다. 마침 여동생이 미술대학에 합격해서 등록금에 미술도구까지 들어갈 돈이 많았던 시기라서 가계에 큰 도움이 되었다. 아마 부모님은 고생하면서 막내아들에게 바둑 공부를 시킨 보람을 그때 처음 느끼셨을 것이다.

그 이후로 나는 생계를 위해 바둑을 해야 한다는 사실을 한시도 잊어본 적이 없다. 나를 위해 많은 것을 희생해준 부모님과 형제들을 위해서라도 나는 돈을 벌어야 했다. 이러한 책임감은 결혼을 하고 아이들이 태어나면서 더욱 강해졌다.

내가 바둑을 열심히 해서 타이틀이 하나둘 쌓여갈 때마다 우리 집 형편도 조금씩 나아졌다. 결혼을 하면서 부모님이 20년 동안 살아온 낡은 한옥을 처분하고 화곡동의 양옥으로 이사할 수 있었고, 창호를 내제자로 받아들이고 둘째가 태어날 즈음에는 연희동의 2층 양옥으로 옮길 수 있었다. 아이들이 자라면서 학비와 책값이 늘어나는 것도 더 열심히 바둑을 해야 하는 강력한 동기가 되었다. 아마 가장들은 이게 어떤 마음인지 이해할 것이다. 힘들어서 그냥 주저앉고 싶어도 새끼들을 생각하면 정신이 번쩍 드는 것이다. 내 새끼들을 잘 먹이고 대학까지 공부시킬 생각하면 다 포기하고 싶다가도 불쑥 힘이 났다.

그래서 나는 무관으로 전락한 후에도 더 열심히 어느 대회든 마다하지 않고 출전했다. 특히 큰 상금이 걸린 국제대회에 나가면 나도 모르게 이겨야겠다는 의지가 샘솟았다. 전관왕까지 했던 사람이 무슨 돈 욕심이냐 할지도 모르지만 이게 사실이다. 돈은 강력한 동기부여가 된다. 피나게 노력해서 정상에 올라섰는데 그 대가가 보잘것없다면 무슨 보람이 있겠는가. 특히 프로의 세계에서 우승이란 당연히 어마어마한 상금으로 세상에 떠들썩하게 보여주는 것이 마땅하다.

명절에 집에서 씨름 경기를 볼 때가 있다. 거구의 장사들이 나와서 서로 엎치고 메치는 박진감 넘치는 경기를 보여줄 때면 손에 절로 땀이 난다. 씨름 선수가 온몸에 땀을 뻘뻘 흘리며 버티는 모습은 소싸움을 하고 있는 황소를 연상시킨다. 그런데 그렇게 힘들게 천하장사가 된 사람이 고작 상금 1천만 원이 적힌 피켓을 들고 퍼레이드를 하는 모습을 보고 있자니 내가 다 부끄럽고 미안해진다. 아니, 씨름이 아무리 서양 스포츠에 밀린다고 해도 명색이 전통 스포츠인데 저것밖에 대우를 못해준단 말인가.

그런데 나와 같은 생각을 한 사람이 많았는지 어느 순간 상금이 1억 원으로 올랐다. 그제야 씨름 볼 맛이 났다. 천하장사가 황금 곤룡포를 입고 화환을 두르고 1억 원이 적힌 피켓을 번쩍 들어 올릴 때 그제야 시원하게 박수를 쳐줄 수 있었다.

사람들에게 이런 모습을 자꾸 보여줘야 한다. 그래야 씨름 인구도 늘어나고 인기도 올라간다. 무엇보다 천하장사를 꿈꾸는 꿈나무들이 이 장면을 보고 힘을 얻는다. '나도 열심히 해서 저 상금을 받아야지' 하면서 야무지게 꿈을 키워나갈 수 있는 것이다.

나는 모든 사람이 돈을 벌기 위해 살아야 한다고는 생각하지 않는다. 돈이 인생의 전부가 된다면 그것만큼 허무한 인생도 없을 것이다. 하지만 꿈을 갖고 있다면 더 높이 올라가려고 노력하는 것은 당연한 일이다. 더 좋은 대우, 더 높은 연봉을 받는다는 건 그만큼 내 능력을 인정받는 것이기 때문이다. 이와 더불어 내 능력으로 벌어들인 돈으로 더 좋은 옷을 입고 더 좋은 집에서 사는 것은 자랑스러운 일이다. 그것으로 가족을 먹여 살리고 아이들을 공부시키고 국가에 세금까지 낸다면 이 또한 자랑스러운 일이다.

모든 노동은 신성하다. 내가 바둑으로 노동하듯이 모든 사람이 각자의 직업으로 노동을 하며 생계를 꾸려나간다. 만약 나처럼 자신의 직업에 애착과 자부심을 갖고 있다면 더할 나위 없이 좋을 것이다. 하지만 애착과 자부심은 굳이 없어도 된다. 직업 자체가 평생의 꿈일 수도 있고 자아실현의 방법일 수도 있지만, 직업의 가장 기본적인 의미는 다름 아닌 생계다. 먹고살기 위해 누구나 가져야 하는 것이 직업이다. 어떤 직업을 가졌건 그것만으로 충분히 신성하다.

많은 사람이 하고 있는 일과 하고 싶은 일이 달라서 힘들다고 말한다. 그런데 이들에게 "그럼 하고 싶은 일을 하면 되지 않느냐"라고 물으면 당장 어떻게 먹고살지 막막해서 못하겠다고 한다. 이처럼 꿈과 현실 사이에서 마음을 잡지 못하는 사람들에게 나는 이렇게 말해주고 싶다. 더 중요한 건 생계다. 먼저 먹고사는 길부터 뚫어야 한다. 50만 원이든 100만 원이든 먹고살 수 있는 일부터 만든 후, 그다음에 꿈을 꿔야 한다. 생계가 막히면 꿈이고 뭐고 없다. 치사하고 초라하게 느껴질지 몰라도 그게 현실이다. 우리 어머니 아버지들도 다 그렇게 생계를 위해 초라하고 치사하게 살면서 우리를 키워내셨다.

1999년 어머니 생신날, 나는 춘란배 결승을 치르러 중국에 있었다. 결승 상대는 이창호. 서로 한 판씩 승패를 주고받은 후 겨루는 마지막 3국이었다. 그날 나는 간절히 이기고 싶었다. 한 해 전 국수전 도전자가 되어 6년 만에 이창호로부터 국수 왕관을 되찾아왔지만 그것으로는 부족했다. 무려 15만 달러의 우승 상금, 그걸 가족들에게 가지고 가서 아직 아빠가 건재하다는 걸 보여주고 싶었다. 특히 노환으로 언제 돌아가실지 모를 어머니의 생신날 값진 선물을 드리고 싶었다.

마침내 기회가 왔다. 돌부처 이창호가 작은 실수를 한 것이다. 나는 그 틈을 비집고 들어가 그를 바짝 조이기 시작했다. 우리는 영토 확장이라는 절대 사명을 걸고 제한시간이 다할 때까지 끈질기게 바둑을 두었다. 마침내 대국이 끝나고 계가를 했을 때 나의 2집 반 승리를 확인할 수 있었다.

시상식이 끝난 후 집으로 전화를 했다. 당시 나는 외국에서 대회를 치르고도 좀처럼 집으로 전화하는 법이 없었는데 그날은 이상하게도 전화를 하고 싶었다.

"어머니, 저 춘란배에서 우승했습니다."

이미 기원으로부터 우승 소식을 전해들은 어머니는 차분하게 말씀하셨다.

"그래. 장하다, 내 새끼. 어여 오너라."

나는 뿌듯한 마음으로 집으로 돌아갔다. 아마 15만 달러의 상금 때문에 더 뿌듯했을 것이다.

초보의 마음과 고수의 시야를 가져라

　바둑을 하는 사람들 사이에 회자되는 이야기가 있다. 9급 열 명이 둘러 앉아 바둑판을 들여다보고 있다. 어떻게 해야 이 위기를 벗어날지 고민을 거듭하는데 아무리 들여다봐도 뾰족한 수가 보이지 않는다. 그렇게 한 시간이 지났다. 그때 1급 한 명이 나타나 고개를 들이밀더니 한 10초 정도 들여다보고 말한다.

　"어, 이거 이렇게 두면 바로 살아나겠네."

　이것이 바로 "9급 열 명이 아무리 들여다봐도 못 보는 수를 1급 한 명이 금방 본다"는 말이다.

　바둑에서 급수의 차이란 바로 이런 것이다. 하급자가 아무리 봐도 알 수 없는 수를 상급자들은 금방 본다. 프로와 아마추어의 차이도 비슷하다. 아마추어가 아무리 들여다봐도 모르는 것을 프로는 한눈에 파악한다. 과연 무엇이 다른 걸까.

간단하게 본다면 바둑에 대한 이론과 지식, 기술의 차이라고 할 수 있다. 하지만 보다 근본적인 차이는 다름 아닌 판을 읽는 능력이다. 급수가 높아질수록 더 정확하게 판을 읽는 능력이 자라나는 것이다.

판을 읽는 능력이 얼마나 중요한지는 전쟁터에서 잘 드러난다. 이순신 장군은 임진왜란 때 무려 45전의 해전을 치르면서 단 한 번도 패하지 않았으며 단 한 척의 배도 손실시키지 않았다. 명량해전에서는 불과 13척이라는 말도 안 되는 전력으로 무려 130척의 왜군을 전멸시켰다. 어떻게 그럴 수 있었을까. 그것은 바로 지형과 지물, 날씨, 적의 전술 등 모든 것을 꿰뚫어 보는 통찰력으로 완벽한 전술을 세웠기 때문이다.

영어로 장군을 '제너럴(general)'이라 부르는 것도 같은 맥락이라 한다. 제너럴은 '일반적인', '대체적인' 정도의 뜻으로 알려져 있는데, '종합적인 지식과 사고를 두루 갖춘'이라는 의미도 포함하고 있다. 즉 장군 정도의 지위라면 상황이 어떻게 돌아가는지 한눈에 파악할 수 있는 눈을 갖췄다는 의미로 제너럴이라고 부르는 것이다.

이러한 제너럴한 사고는 사회 곳곳에서 요구된다. 정치인은 성장과 분배, 가진 자와 못 가진 자의 사이에서 균형을 잘 잡아야 한다. 외교를 하는 사람은 어느 한 나라와의 지엽적인 문제에만 매달리면 안 된다. 세계 정세와 동아시아의 정세, 미국이나 중국 같은 강대국과의 관계를 고려하여 현명한 판단을 해야 한다. 또 기업인은 단순히 비즈니스만 알아서는 안 된다. 정치, 경제, 사회, 문화 등 세상 전체가 돌아가는 것을 파악하여 빠르게 대처해야만 살아남을 수 있다.

초보들은 이런 능력이 부족하다. 초보들은 패싸움이나 대마싸움 같은 작은 부분에 집착하여 전체를 보지 못한다. 바둑을 둬본 사람은 19로의 바둑판이 얼마나 넓은지 잘 안다. 정말이지 수많은 변수가 있고 분할된 여러 구역이 있다. 한쪽에서는 치열하게 공격을 해야 하고, 다른 한쪽에서는 필사적으로 방어를 해야 하고, 또 다른 한쪽은 돌을 포기하고 훗날을 도모할 것인지 끝까지 사수할 것인지를 결단해야 한다. 게다가 구역들은 서로 따로 떨어져 있는 것처럼 보이지만 결국에는 반드시 연결된다. 고수가 된다는 건 이 연결 고리를 깨우치는 것이며 스스로 그 연결 고리를 만들어가는 것이다. 바둑판 위에 있는 모든 돌이 다 쓰임새가 있기 때문에 그것을 모두 유기적으로 연결하여 정확한 판단을 내려야 한다.

이를 리더십이라고 말해도 좋을 것이다. 고수는 자기 돌의 리더가 되어 바둑판을 컨트롤할 줄 알아야 한다. 초보들은 우왕좌왕하다가 순식간에 통제력을 잃는다. 아직까지 이런 총체적 위기를 관리하기에는 판단력도 리더십도 부족하기 때문이다. 바둑 초보들은 자신에게 이러한 약점이 있다는 걸 잘 안다. 그래서 기보 분석과 이론 암기 그리고 실전을 통해 부족함을 메우면서 승단을 하기 위해 피나게 노력한다. 무엇보다 상급자에게 깨져가며 한 수 배우는 것이 실력을 기르는 가장 빠른 길이라는 것을 이들은 잘 알고 있다. 따라서 바둑의 세계에서 상급자는 나이와 성별을 막론하고 모셔야 할 선배다. 다른 건 몰라도 이것만은 확실하다. 바둑을 두는 사람은 급수와 단수에 따라 누구에게 굽혀야 하는지를 잘 안다.

그런데 실제 세상은 어떨까? 실제 세상에서도 초보들이 고수를 존경하고 따를까? 나는 실제 세상에서 고수에 대한 존경심을 잃은 사람을 많이 본다. 선생을 존경하지 않는 학생들, 부모의 말을 무시하는 자녀들, 상사의 험담을 늘어놓는 부하직원들, 선배보다 자신이 일에 대해 더 많이 안다고 생각하는 후배들…….

물론 젊은 사람들의 눈에는 윗사람의 사고와 행동방식이 시대에 뒤떨어져 보일 수 있다. 내용보다도 형식을 더 중요시

한다거나, 일의 결과 이상으로 절차를 강조한다거나, 늘 하던 방식만 고집하는 것이 답답할 것이다. 이런 일이 쌓이면 처음에 가졌던 존경심이 사라지고 점점 무시하는 마음이 싹트게 될 것이다. 동시에 뭐든 배우려는 자세로 열심히 임했던 초기의 순수한 열정도 시들게 될 것이다. 신입사원일 때는 윗사람이 흘리는 간단한 말도 메모를 하며 소중하게 받아들였지만 2~3년만 지나면 이제 자신이 모르는 건 없다고 생각하며 윗사람이 하는 말이 다 잔소리로 들리기 시작한다.

사람은 이처럼 오만해지기 쉽다. 화장실 들어갈 때의 마음과 나올 때의 마음이 달라진다. 자신이 아는 것이 전부라고 생각하는 '에고(ego)'때문에 우리는 이렇게 쉽게 겸손함을 잃어버린다. 하지만 우리는 알아야 한다. 조금이라도 나보다 경험이 많은 사람은 그만큼 더 많은 것을 알고 있다. 선생은 그냥 선생이 아니고, 상사는 그냥 상사가 아니다. 그들은 나보다 좀 더 높은 곳에서 세상을 바라본다.

나는 그저 내가 맡은 일만 열심히 하고 있을 뿐이지만 상사는 나뿐 아니라 다른 사람이 하는 일도 보고 있고 다른 부서에 어떤 일이 일어났는지도 알고 있고 회사 전체가 돌아가는 것까지 살피고 있다. 그들이 절차를 중요시 여기고 잔소리를 늘어놓는 데에는 다 이유가 있다. 오만에 빠진 사람은 결코 고수가 될 수 없다. 자신이 부족하다는 걸 알고 계속 배우려고 노력하는 사람만이 고수가 될 수 있다.

일본 유학 시절 나의 실전 스승님이었던 후지사와 선생님은 30대 중반에 일본 최고의 기사가 되었고 예순일곱의 나이에도 왕좌전에 올라 일본 바둑에서 최고령 우승 기록을 세운 분이다. 하지만 바둑을 얼마나 아느냐는 질문을 받으면 늘 "100중에 6~7밖에 모른다"라고 대답하셨다. 돌아가시기 몇 년 전에 기자가 똑같은 질문을 하자 선생님은 대답을 바꾸었다.

"바둑이 100이라면 나는 그중에 하나만 안다."

나 역시 같은 생각이다. 세상 사람들은 바둑 9단이면 입신의 경지라고 말하지만 전혀 그렇지 않다. 처음이나 지금이나 모르는 건 똑같다. 이건 겸손이 아니다. 바둑이라는 끝없는 길에서 100미터를 뛴 것과 1킬로미터를 뛴 것이 무슨 차이가 있겠는가. 전체로 보면 아득하긴 매한가지다. 하지만 초보의 입장에서 본다면, 100미터와 1킬로미터의 차이는 실로 어마어마한 것이다. 이것은 단지 시간과 세월의 차이가 아니라 노력과 땀과 눈물의 차이다. 수많은 패배를 통해 단련된 강단과 넓은 시야의 차이다.

고수는 내가 가보지 못한 수많은 길을 이미 지나온 사람이다. 나는 아직 발등에 떨어진 불을 끄느라 급급하지만 고수는 그 일뿐 아니라 다른 일까지도 저 위에서 굽어보며 침착하게 대응한다. 고수가 되고 싶다면 그 차이를 인정해야 한다. 그리고 매사에 배우는 자세로 고수의 옆을 열심히 따라다녀야 한다. 어느 분야든 바둑과 마찬가지로 그 끝은 아득하다. 우리는 늘 초보의 마음으로 고수의 지시와 가르침을 따라야 한다. 그런 자세로 계속 임하다 보면 어느새 남들이 나를 고수라고 불러주는 날이 올 것이다.

버릴 때는 미련 없이 버려라

바둑을 조금이라도 접해본 사람이라면 '위기십결(圍棋十訣)'
이라는 말을 들어본 적이 있을 것이다. 이는 당나라 현종 때
기대조(棋待詔)•를 지낸 왕적신(王積薪)이 지은 글로 '바둑을
두는 열 가지 비결'을 담고 있다.

위기십결 중에 사람들에게 가장 친숙한 조항이 다섯 번째
인 '사소취대(捨小就大)'일 것이다. 흔히 아는 '소탐대실(小貪大
失)'의 반대되는 표현으로 '작은 것을 버리고 큰 것을 취하라'
라는 뜻이다. 아마 부모나 스승이나 직장 선배가 "사소취대하
라"라고 가르친다면 다들 "당연히 그래야죠"라고 대답할 것이

• 　　　　왕과 대적하여 바둑을 두는 사람.

다. 하지만 실천은 쉽지 않다. 머리로는 이해하지만 막상 눈앞에 작은 이익이 보이면 그걸 포기하기 어렵기 때문이다. 심지어 그것을 붙들고 늘어지느라 더 큰 이익을 놓치는 경우도 많다.

바둑에서 판을 정확히 읽어야 하는 이유 중 하나는 이러한 소탐대실의 실수가 없어야 하기 때문이다. 초보들은 돌을 따먹는 재미에 빠져들다 오히려 대마를 잡히고 영토를 빼앗긴다. 하지만 고수들은 판 전체를 볼 줄 알기에 오히려 이것을 역이용하는 '사석전법(捨石戰法)'을 쓴다. 즉 일부러 몇 점을 미끼로 던져 상대방이 말려들게 만드는 것이다. 하수들이 빵따냄• 몇 점에 즐거워하는 사이에 고수는 거대한 음모로 세력을 키운다.

위기십결에는 이처럼 버리는 것에 대한 조항이 많다. 여섯 번째 조항인 '봉위수기(逢危須棄)'도 '위험을 만나면 모름지기 버릴 줄 알아야 한다'라는 격언이다. 마지막 조항인 '세고취화(勢孤取和)'도 '세력이 고립되면 조화를 취하라'라는 뜻으로 저항하다 전멸당하기보다는 화합하여 후일을 도모하라는 뜻이다. 도사들이 나누는 뜬구름 같은 말이라 나도 그 뜻을 다 이해했다고 말할 수는 없다. 그러나 꼭 바둑이 아니더라도 살아가면서 연연해하는 것들을 하나씩 버리고 포기하는 게 오

• 　네 개의 돌을 가지고 상대편의 돌 한 점을 둘러싸서 따내는 일.

히려 약이 되고 득이 된다는 지혜를 나는 바둑에서 터득할 수 있었다.

예를 들어, 나에게 갑자기 찾아와서 이런저런 제안을 하는 사람이 많았다. 사업을 같이 하자는 사람도 있었고, 광고를 찍자는 사람도 있었고, 어떤 조직에 대단한 직책을 주겠다는 사람도 있었다. 제안들은 솔깃했고 수락만 하면 적잖은 이익도 주어졌지만 그렇다고 덥석 물 수는 없었다. 가장 먼저 그것이 나의 바둑에 주는 영향을 생각해야 했고, 또 나의 평판도 생각해야 했다. 모든 것을 고려해서 아깝지만 거절한 경우가 수락한 경우보다 훨씬 많다.

시간이 지나면서 문득 아쉬운 마음이 들 때도 있지만 역시내 결정이 옳았다고 생각한다. 나에게는 어떤 경제적인 이익보다도 바둑이 가장 소중하기 때문이다. 그때 그런 제안들을 수락했다면 아마도 나는 바둑을 잃었을지도 모른다.

바둑은 무한정 둘 수 있는 게임이 아니다. 흑과 백이 각자 180여 개의 바둑돌을 가지고 한정된 시간, 한정된 판 위에서 게임을 한다. 그래서 늘 전체를 조망하면서 결과를 염두에 두고 한 수 한 수 효율적으로 돌을 놓아야 한다. 무엇이 먼저고 무엇이 나중인지 우선순위를 구분할 줄 알아야 한다. 내 것이 아니다 싶으면 과감히 포기해야 한다. 때로는 더 큰 이익을 위해 아끼던 돌을 희생할 줄도 알아야 한다.

인생도 마찬가지다. 시간이 무한정 주어질 것 같지만 모든 기회는 한 번뿐이다. 그 기회들은 모두 연결되어 있다. 지금의 선택이 다음의 기회에 영향을 준다. 당장 주어진 기회는 달콤하다. 그러나 그것이 훗날 혹독한 대가를 요구할 수도 있고, 오히려 그걸 버려야 더 큰 기회가 올 수도 있다. 무엇이 더 중요한지 멀리 떨어져서 판을 구석구석 읽으면 정답이 보일 것이다.

선택하지 못한 고민, 마무리 짓지 못한 인간관계, 버리지 못하고 아직도 얽매여 있는 물건, 기억, 감정 등을 홀홀 털어 버리자. 몸과 마음이 가벼워야 더 빨리, 더 오래, 더 멀리 뛸 수 있다.

돌을 던지고 나가는 순간 게임은 끝난다.

그러나 아직 우리에겐 보여주지 못한

수많은 가능성이 남아 있다.

그러니 아직은 게임을 멈추지 말아야 한다.

5단

궁극의 그림을 그려라

승부를 판가름하는 결정적 한 수

예전에 바둑 대국은 참으로 길었다. 지금은 제한시간이 각 2~3시간인 바둑이 대부분이라 아무리 길어도 4~7시간이면 끝나지만 30년 전에는 제한시간이 각자 5시간이라서 초읽기까지 합하면 총 대국 소요시간이 11시간을 넘기 일쑤였다. 지금도 기억난다. 1993년 이창호와 두었던 기성전 결승대국. 보통 밤 9시, 10시면 대국이 끝나는데 그때의 대국은 일곱 판이 전부 밤 11시를 넘겼다. 아마 한국 바둑 역사상 가장 늦게 끝난 대국으로 기록되어 있을 것이다.

하지만 이것은 약과다. 일본은 지금도 오래 두는 바둑으로 유명하다. 가장 주요한 대회인 기성, 명인전의 제한시간은 각자 8시간이다. 둘이 합하면 16시간에 이르니 하루에는 다 소화할 수 없어서 이틀을 잡고 진행한다. 너무 길다고 생각하겠지만 이것도 굉장히 짧아진 것이다. 1930년대에는 제한시간이 각 40시간에 이르는 바둑도 있었고, 1940년대까지만 해도 제한시간이 각자 13시간이어서 사흘에 걸쳐 대국을 진행한 적도 있다. 이틀로 줄인 것도 일본으로서는 상당히 노력한 결과다.

바둑에서 제한시간은 어떤 의미일까? 제한시간이 길면 그만큼 수읽기가 깊어진다. 내가 어떤 수를 두면 그로 인해 전개될 앞으로의 판세에 대해서 머릿속으로 그려보고 예상할 수 있는 시간이 많아진다. 따라서 제한시간이 넉넉하면 더욱 효율적이고 함축적인 수가 나오게 된다. 바둑을 예술로 생각하는 일본은 긴 수읽기를 통해 보다 완벽하고 능률적인 수를 생각해내는 걸 바둑의 '도'이자 '미'라고 여겼다. 그래서 일본 바둑은 지금 같은 광속의 시대에도 8시간의 장고(長考) 바둑을 고수하고 있다.

반대로 제한시간이 짧아지는 속기 바둑은 깊은 수읽기보다는 경험과 직관에 의존할 수밖에 없다. 바둑 기사에게는 이 역시 중요한 훈련이지만 아무래도 실수가 나올 확률이 높다. 그만큼 내용면에서 완성도가 떨어진다.

속기 바둑과 장고 바둑 중에 무엇이 옳으냐고 묻는다면 그저 웃을 수밖에. 이건 옳고 그름의 문제가 아니라 그저 형식의 문제일 뿐이기 때문이다. 한 수 한 수 장고를 하여 최고의 실력을 겨루는 것도 의미가 있고, 빠르게 감각을 대결하는 것도 의미가 있다. 프로 기사라면 두 가지 다 훈련이 되어야 한다.

바둑은 감각만으로 둘 수도 없고 실력만으로 둘 수도 없다. 나는 초중급자들에겐 오히려 빨리 두라고 말한다. 그 시절에는 열심히 생각한다고 해서 꼭 좋은 수가 나오는 건 아니기 때문이다. 오히려 이때는 그때그때 떠오르는 수를 놓아서 만족도 하고 후회도 하면서 자신만의 바둑 감각을 쌓는 편이 낫다. 그렇게 하다 보면 서서히 수읽기가 되기 시작한다. 또 수읽기를 더 열심히 하다 보면 덩달아 감각도 좋아진다. 이처럼 속기와 장고는 서로 떼려야 뗄 수 없는 관계이기 때문에 둘 사이의 균형을 찾는 것이 중요하다.

그런데 최근의 경향은 빠른 쪽으로만 흘러간다. 요즘 국내 대회는 제한시간이 각자 1시간인 경우가 대부분이고 5분, 10분, 20분짜리 초속기 대회도 상당수를 차지한다. 반면에 2~3시간의 장고 바둑은 두세 대회 정도밖에 없다. 과거에는 장고 바둑이 80퍼센트의 점유율을 이루고 속기 바둑이 20퍼센트 정도 비율이었다면 지금은 대세가 역전되었다.

이것이 어쩔 수 없는 시대의 흐름이라는 건 인정한다. 컴퓨터 게임과 스마트폰의 아찔한 속도에 익숙한 사람들에게 5~6시간이 넘는 긴 바둑을 지켜보는 건 고역일 터다. 그렇지 않아도 바둑 인구가 줄어들고 있는 마당에 긴 호흡의 바둑만 고수하는 건 시대에 맞지 않는다. 속기 바둑은 일단 빠지면 컴퓨터 게임을 능가하는 박진감과 스릴이 있기 때문에 젊은 팬을 끌어들이기에 유리하다. 하지만 바둑의 질적 측면을 본다면 지나치게 속기전으로 흐르는 건 위험하다. 그만큼 프로 기사들이 한 수 한 수 깊게 생각해볼 기회가 줄어든다는 뜻이기 때문이다. 좀 더 적나라하게 표현하자면 얕고 빠른 잔머리 회전만 발달시키고 깊은 사유의 능력은 쓰지 않게 되는 것이다.

쓰지 않는 능력은 퇴화하게 마련이다. 지난 수십 년 동안 바둑은 장고에 장고를 거듭하는 깊은 사유를 통해 발달해왔다. 현대 바둑의 틀과 수준을 진일보시킨 우칭위안의 바둑이나 신포석을 창안한 기타니 미노루의 바둑, 처절하고 지독한 수로 점철되는 조치훈의 바둑과 어떤 위기에도 흔들림이 없는 이창호의 견고한 바둑 등 모든 위대한 기풍은 오랜 사유를 통해 탄생했다. 그런 사유가 든든한 밑바탕이 되었기에 최고의 기사들은 제한시간을 막론하고 놀라운 기량을 보여주었다. 그런데 지금은 어떨까? 속기 바둑에만 길들여진 젊은 프로들은 장고 바둑에서 속수무책으로 무너지는 모습을 보여주곤 한다. 오랫동안 고민해본 적이 없기에 주어진 시간을 어떻게 써야 할지 모르는 것이다.

실제로 한국기원 소속의 배태일 박사가 이 문제에 대해 연구하여 발표한 자료가 있다. 물리학자인 그는 속기와 장고 바둑 사이에 진짜 바둑 실력의 함수가 존재할 것이라는 가설을 세웠고 조사를 통해 그의 주장을 입증했다. 그는 젊은 프로 기사들을 '속기에 강한 그룹'과 '장고 바둑에 강한 그룹'으로 나누어 랭킹을 비교해보았다. 그 결과 속기에 강한 기사들은 20~22세 때 실력이 최고조에 이른 이후로는 별로 늘지 않는 모습을 보였지만, 장고 바둑에 강한 그룹은 20대 초반에는 부진하지만 오히려 25세 이후로 실력이 늘어나 국제기전에서 좋은 성적을 내는 것을 볼 수 있었다.

배태일 박사는 한국 바둑이 국제대회에서 부진을 면치 못했던 이유도 여기에서 찾는다. 국제대회도 시대에 맞춰 1시간짜리 속기전이 늘어나고 있는 추세지만 아직도 잉창치배나 춘란배, 삼성화재배 같은 권위 있는 대회는 2~3시간 장고 바둑을 고수하고 있다. 이창호와 이세돌이 활약하던 2000년대 초반까지만 해도 이런 대회는 한국 기사들이 우승을 싹쓸이

했다. 하지만 한동안은 중국 기사들과의 대국에서 고전을 면치 못했다.

나는 이것이 너무 빠른 것만 추구하다가 우리가 치르게 된 대가라고 생각한다. 빠른 것은 쾌감을 준다. 재미있고 짜릿하다. 하지만 그것만 좇다 보면 신중하고 사려 깊은 태도를 잃어버리게 된다. 그래서 정말로 진지하게 오랫동안 고민하여 결정해야 하는 때에 경솔한 판단을 하게 된다.

바둑 밖에서도 똑같다. 어른들이 보기에 요즘 젊은이들은 매사에 너무 즉흥적이다. 이들은 이성보다도 감정을 앞세우고 기분에 따라 행동한다. 좋은 마음을 자제하지 못하고 싫은 마음을 인내하지 못한다.

그 결과 어떤 일이 벌어질까. 경솔한 행동, 후회할 일을 너무 많이 저지른다. 바둑으로 표현하자면 눈앞의 몇 수를 예측하지 못하고 잘못된 수를 놓는 것이다. 상사의 꾸지람에 즉흥적으로 사표를 냈다가 후회한다거나, 친구나 가족에게 모진 말을 퍼부어 상처를 준다거나, 실수나 잘못을 거짓말로 둘러댔다가 들통이 나는 일이 반복된다.

모든 것이 빠르게 돌아가는 시대, 그럴수록 우리는 진지하고 신중한 사고를 훈련해야 한다. 사실 우리 주변에서 벌어지는 모든 문제는 조금만 더 생각하고 행동했다면 벌어지지 않을 수도 있었던 일이다. 논문 표절로 고위 공직자 후보에서 낙마하는 사람이나 한마디 실언으로 구설수에 오르는 유명인 등 장기적인 면에서 깊게 생각하지 않은 대가는 생각보다 크다.

'우주류(宇宙流)'•로 유명한 다케미야 마사키(武宮正樹) 9단은 단 하나의 수를 결정하기 위해 제한시간 8시간 중 무려 5시간 7분을 쓴 것으로 유명하다. 그 5시간 7분 동안 그는 정말 진지한 얼굴로 바둑판만 뚫어지게 바라보았다. 바둑을 모르는 사람은 그 장면이 이해가 가지 않았을 것이다. 바둑알 하나 놓는 것이 뭐가 그렇게 중요하다고 5시간이 넘게 고민한 것일까?

하지만 그 한 수의 차이는 실로 지대하다. 당장은 그저 돌 하나의 자리일 뿐이지만 긴 관점에서 보면 그것이 승부에 결정적 차이를 불러올 수 있기 때문이다. 지금 잘못 놓은 돌 하나가 훗날 내 목을 조이거나 내 등을 치는 약점이 될 수 있다. 더 나아가 그것은 어떤 바둑을 하겠다는 다케미야 9단의 선택이기도 했다. 어느 방향으로 가느냐에 따라 그날 치를 대국이 영토 분쟁이 될 수도 있고 대마싸움이 될 수도 있다. 바둑의 미학을 중시했던 다케미야 9단은 그 5시간 7분 동안에

•   바둑판의 중앙에 집을 짓는 것을 중요시 여기는 기풍.

머릿속에서 수백 판의 바둑을 두고 허물고 두고 허물기를 반복했을 것이다. 마침내 놓은 결정의 한 수, 그것은 세상을 향해 나는 이런 바둑을 펼쳐보겠다, 이런 인생을 살아가겠다는 그의 선언이었다. 결국 이 바둑에서 다케미야 9단은 승리했다. 나는 이것이 생각의 승리이자 실력의 승리라고 믿는다.

---

* 이 부분은 정확한 사실을 전하기 위해 배태일 위원의 칼럼을 참조했다(〈속기에 강한 기사가 장고 바둑도 잘 두는가〉, 《사이버오로》 2012. 6. 4.).

어쭙잖은 탐심은 전체 판을 망친다

바둑에서 프로들은 가능한 많은 수를 내다보려고 노력한다. 기사에 따라서 50수를 읽는다, 100수를 읽는다는 말이 있지만 실제로 우리가 하는 수읽기는 수의 전개 하나하나를 읽는 것과는 차원이 다르다.

프로의 수읽기는 이미지로 다가온다. 프로에겐 돌의 수순은 너무 당연한 것이라서 한눈에 볼 수 있다. 프로가 초읽기에 몰리면서까지 고민을 하는 이유는 돌의 수순을 알기 위해서라기보다 그다음을 생각하기 위해서다. 이를 테면 내가 그 수를 놓았을 때 상대방이 어떻게 대응할지, 그것에 나는 어떻게 맞설지, 무엇을 살리고 무엇을 죽이고, 최악의 경우에는 어떤 선택을 할지, 그 모든 것을 비교·검토·연구하는 것이 바로 프로의 수읽기다. 그래서 '수를 읽는다'기보다는 '수를 본다'고 표현하는 것이 맞다.

프로의 바둑은 이미 초반에 어떤 판을 만들 것인지 시나리오와 방향이 다 설계된다. 앞서 소개한 다케미야 9단의 5시간 7분이 걸린 수도 마찬가지다. 단 하나의 수에 제한시간의 거의 전부를 소진하는 건 프로답지 못하다는 시각도 있지만 그에겐 이유가 있었던 것이다. 아마도 그는 이 시간 동안 앞으로 전개될 모든 시나리오를 두텁게 써놓았을 것이다. 그리고 그의 예상 그대로 판이 흘러갔을 것이다. 그렇게 견고하게 수읽기를 했기 때문에 시간이 얼마 남지 않았는데도 이길 수 있었던 것이다.

사람은 모두 자신만의 수읽기를 하며 살아간다. 바둑에서와 마찬가지로 삶에서도 수읽기는 필수다. 사람을 만나서 나누는 모든 대화, 직장에서의 모든 행동, 집을 사거나 투자를 하는 등의 모든 선택이 수읽기를 바탕으로 이루어진다. 예를 들어 상사에게 업무보고를 할 때에도 수읽기는 필요하다. 서류로 보고할 것인가, 구두로 보고할 것인가, 결론부터 말할 것인가 과정부터 상세히 말할 것인가. 상황에 따라 어떻게 보고하느냐에 따라 상사의 반응이 달라질 수 있다. 상사가 어떤 인물인지, 어떤 상황에 어떤 식으로 소통하는지를 평소에 잘 파악해두었다면 이런 수읽기를 통해 최선의 선택을 할 수 있을 것이다.

수읽기는 전문가의 영역에서 더욱 중요하다. 특히 비즈니스나 부동산, 주식, 펀드 등 예측을 요하는 직업은 수읽기가 전부라 해도 과언이 아닐 것이다. 이들이 쓰는 수읽기 방법도 프로 바둑 기사와 크게 다르지 않을 것이다. 전문가라면 지엽적인 문제들이 어떻게 돌아갈지는 빤히 보일 것이다. 각 나라의 경제정책, 소비심리, 물가지수, 부동산 시장, 주식 시장 등을 날마다 들여다보고 있으면 앞으로 어떤 변화가 생길지 저절로 보일 것이다. 이런 것들을 서로 유기적으로 연결하여 바라보면서 어떤 종목이 상승할지, 세계경제가 어떻게 될지, 전체적인 수읽기를 할 것이다.

그렇지만 이러한 수읽기가 늘 맞아떨어지는 것은 아니다. 내로라하는 전문가도, 나 같은 바둑 프로 9단도 뭔가를 놓쳐서 잘못된 선택을 한다. 수읽기가 늘 성공한다면 얼마나 좋을까. 그러나 아무리 정보와 지식을 바탕으로 객관적으로 예측한다 해도 가끔은 잘못된 수읽기를 할 수밖에 없다. 컴퓨터가 아닌 이상 자기가 유리한 대로 해석해버리는 자아를 버릴 수가 없기 때문이다. 예컨대 경제전문가들은 왜 2008년의 글

로벌 금융위기를 예상하지 못했을까. 은행들은 어떻게 신용등급이 그토록 낮은 사람들에게 주택자금을 빌려주었을까. 그것도 모자라 어떻게 그것으로 파생상품을 만들어 투자은행에 팔 생각을 할 수 있었을까.

썩은 사과로 주스를 만들면 그 주스는 썩은 사과 주스다. 아무리 설탕과 향을 첨가한다 해도 바꿀 수 없다. 전문가라면 이것이 위험한 금융상품이라는 걸 수읽기에 반영했어야 마땅하다. 그럼에도 아무도 위험하다고 경고하지 않은 것은 당장의 욕심에 눈이 멀어 수읽기를 제대로 하지 않은 탓이다. 수읽기를 방해하는 건 욕심이다. 이들은 단시간에 고수익을 내고 싶은 욕심에 위험에 대해서는 무시해버린 것이다. '설마 무슨 문제가 생기겠어?', '은행이 관리하니까 다 잘 되겠지!' 이런 안일한 마음으로 열심히 판매에만 몰두한 것이다.

바둑에서도 그렇다. 꼭 이겨야 한다는 욕심이 꿈틀거리면 수를 제대로 보지 못한다. 당장의 이익에 눈이 멀면 서너 수 앞이 안 보인다. 그래서 수읽기를 제대로 하는 건 마음속에서 솟아오르는 욕심을 버리는 것이다. 고수라면 좋은 수가 보이는 순간조차 흥분해서는 안 된다. 그게 내 눈에 보였다면 상대의 눈에도 보였을 것이고, 상대 역시 그에 대해 준비를 할 것이 분명하다. 좋아 보이는 길일수록 더 위험할 수 있다.

그래서 최대한 마음을 비운 상태에서 검토하고 또 검토하여 최선의 수를 선택해야 한다.

위기십결에서 '부득탐승(不得貪勝)'은 '승리를 탐하면 얻지 못한다'라는 뜻이다. 말이 안 되는 것 같으면서도 진리임을 인정할 수밖에 없다. 바둑이 이기기 위한 게임이라는 건 누구나 다 안다. 그럼에도 불구하고 이기려 하지 말라는 건 이기려는 욕심이 눈을 흐리게 만들기 때문이다. 욕심을 부리는 순간 자신에게 유리한 것이 크게 들어온다. 그걸 버려야 하는데 욕심 때문에 놓지도 못한다. 결국 잘못된 선택으로 이어진다. 그래서 프로 기사들은 자신에게 유리해 보이는 순간이 가장 위험하고, 바로 그때야말로 욕심을 내려놓아야 할 순간이라는 걸 늘 되새긴다. 얕은 수읽기의 결과는 반드시 스스로 치르게 된다. 그래서 우리는 매사에 욕심을 버리고 더 멀리 보려고 노력해야 한다.

신념을 위해 악수를 둬야 할 때

인터넷 게임이 한창 발달하던 2009년, 나에게 큰 변화가 일어났다. 바둑밖에 몰랐던 내가 컴퓨터 앞에 앉아 헤드셋을 쓰고 온라인 게임에 뛰어든 것이다. 게임의 이름은 '바투(Batoo)'였다. 바투는 기본 규칙은 바둑과 비슷하지만 바둑보다 전투적인 요소가 훨씬 강한 게임이다.

한 나라의 국수라는 사람이 젊은 아이들이나 즐긴다는 온라인 게임판에 뛰어들었으니 주변에서 말들이 많았다. "국수가 체통 없는 짓을 한다", "돈에 환장했나 보다", 심지어 "바둑에서 성적을 못 내니까 다른 걸로 재미를 보고 싶은 모양이다" 등등 별의별 소리를 다 들었다. 하지만 나에게는 이유가 있었다. 남들에게는 어찌 보였을지 모르지만 나로서는 오랜 장고 끝에 내린 깊은 수읽기였다.

당시 바둑 인구는 계속 줄어들고 있었고 승승장구하던 한국 바둑은 중국에 추월당할 위기에 몰려 있었다. 밖에 나가 놀 것도 많은데 재미있는 온라인 게임까지 밀려오고 있으니 바둑의 자리는 점점 좁아졌다. 바둑의 미래는 젊은 사람들에게 달렸는데 그들이 바둑을 외면하고 있으니 어쩌면 좋은가. 별 수 없었다. 그들이 바둑을 찾아오지 않는다면 바둑이 그들을 찾아가야 했다.

나는 바투에 재미를 느낀 사람들 중 일부는 바둑까지 즐기게 될 것이라 생각했다. 바투는 바둑과는 다른 온라인 게임이지만 결국 뿌리는 바둑이었다. 바투의 입문서는 바둑 입문서와 똑같고, 돌을 따먹고 집을 만드는 기본 규칙도 똑같았다. 몇 가지 도박적 요소가 있지만 급수에 상관없이 전략만 잘 짜면 초보도 프로 9단을 이길 수 있다는 점, 한 해 상금 규모가 무려 12억 원에 이르는 '월드바투리그(World Batoo League)'가 있다는 점이 매력적이었다. 젊은 사람들이 바투를 하면서 신나게 놀다 보면 바둑에도 흥미를 느끼게 될 것이고, 자연스럽게 바둑 인구가 늘어날 것이라고 기대했다. 그래서 나는 적극적으로 나섰다. 프로그램 개발 단계부터 조언을 해주었고, 후배 기사들과 함께 월드바투리그에도 출전했다. 여러 매체들과 인터뷰를 하면서 바투 알리기에 나섰다. 얼굴마담이라 불려도 좋고 바람잡이라 불려도 좋았다. 나보다 한참 어린 사람들과 싸워서 무지막지하게 깨지는 것도 좋았다.

세상은 물론이고 바둑계 내부에서도 이런 나를 못마땅해하는 사람이 많았다. 바투가 바둑 인구를 늘리기는커녕 바둑의 권위를 훼손하고 결과적으로 바둑 인구를 줄이는 결과를 초래할 것이라는 우려의 목소리도 있었다. 물론 그럴 여지도 충분했다. 하지만 그렇다고 권위만 붙잡고 있기에는 세상이 너무 많이 변했다. 권위를 높이 쳐주던 1970~1980년대는 이미 지났다. 로마에 가면 로마법을 따르고, 수영장에 가면 수영복을 입어야 하지 않겠는가.

나에게는 설혹 바둑의 권위가 떨어질지언정 바투 때문에 바둑 인구가 줄어들지는 않으리라는 확신이 있었다. 바투는 어디까지나 게임일 뿐이다. 아무리 재미가 먼저라고 해도 사람들은 깊이를 찾아 돌아오게 되어 있다. 4천 년을 넘게 살아남은 바둑이니 그 정도로는 끄떡없을 것이라고 생각했다. 그래서 모든 걸 각오하고 바투 전도사로 나섰던 것이다. 결코 간단하게 생각하고 시작한 일이 아니었기 때문에 구설에 오르는 것쯤이야 상관없었다. 아니, 오히려 남들의 말에 휘둘리지 않고 내 신념대로 행동할 수 있다는 것에 자유로움을 느꼈다. 바둑으로 치자면 나는 그때 악수(惡手)를 둔 것이다. 악수는 전혀 득이 되지 않는 나쁜 수를 뜻한다. 프로들은 어떻게든 악수를 두지 않기 위해 애를 쓴다. "묘수를 잘 두는 것보다 악수를 두지 않아야 이긴다"라는 바둑 격언처럼, 악수는 바둑을 근본적으로 불리한 국면으로 이끌어가기 때문이다.

바투에 뛰어들 때부터 나는 엄청 욕먹을 수 있다는 것과 바투가 크게 성공하지 못할 수도 있다는 걸 알고 있었다. 그것이 국수로서의 명예에 적잖은 타격을 줄 것이라는 점도 잘 알았다. 그럼에도 나는 그 악수를 둘 수밖에 없었다. 누군가는 꼭 해야 할 일인데 내가 하는 게 그나마 모양새가 나을 것이기 때문이었다. 내가 아니면 누가 하겠는가. 나보다 연배가 높은 사람이 할 수도 없고, 그렇다고 새파란 후배가 할 수도 없다. 만약 내가 아니라 이창호가 나섰다면 나보다 더 많이 욕먹었을 것이다. 그나마 내가 해야 욕의 수위도 조절되고 바둑계의 반대도 덜할 것이었다.

바둑에서는 악수는 절대로 두지 말아야 한다고 가르치지만 인생은 다르다. 악수인지 알면서도 놓아야 할 때가 있다. 상황이 그럴 수밖에 없을 때도 있지만 더 큰 이유는 신념을 지키기 위해서다.

나의 신념은 바둑이 계속 발전해야 한다는 것이다. 그것을 위해서라면 내가 좀 타격을 받으면 어떤가. 아마 신념을 가진 사람이라면 거의 모두 나와 비슷한 선택을 할 것이다. 자신에게 전혀 득이 되지 않을 걸 알면서도 노동운동에 뛰어들거나 시민운동을 하는 사람, 아무도 알아주지 않고 돈벌이도 되지 않는 일에 헌신하는 사람이 있다. 세상의 기준으로 볼 때에는 이런 사람들이 불쌍하고 한심할 수도 있다. 그러나 신념은 이런 시선을 뛰어넘는다. 신념대로 행동한다는 것 자체가 영혼에 자유로움을 주기 때문이다.

안타깝게도 바투는 크게 확산되지 못하고 서비스가 중단되었다. 바둑 인구를 확대해보겠다는 나의 꿈도 그렇게 좌절되었다. 많은 사람이 "조훈현 까불다가 꼴좋다!" 했을 것이다. 하지만 그렇다고 내가 틀렸던 걸까? 아니다. 그렇지 않다. 결과가 좋지 않다고 해서 반드시 틀렸다고 볼 수는 없다. 바투는 실패했지만 좋은 시도였다.

나는 여전히 바둑 인구를 확산시킬 좋은 방법이 없을지 고민하고 있다. 바둑의 보급과 발전을 위해서라면 나는 무엇이든 각오하고 악수를 놓을 것이다.

지식이 쌓이면 생각이 깊어진다

TV에서 무지개 색에 관한 흥미로운 방송을 본 적이 있다. 우리나라 사람들은 무지개 하면 자동적으로 '일곱 빛깔'을 떠올린다. 하지만 세상에 무지개를 일곱 가지 색으로 분류하는 나라는 몇 개 되지 않는다고 한다. 미국에서는 무지개 색이 일곱 개라고 가르치지만 여섯 개라고 생각하는 사람이 많고 유럽 사람들은 대부분 여섯 개라고 생각한다. 또 고대 마야족은 무지개의 색을 다섯 가지로 구분했다는 기록이 있다. 그러고 보면 한국에서도 나이 많은 어르신들이 무지개를 '오색무지개'라고 불렀던 기억이 난다. 재미있는 건 무지개의 색을 다섯 가지나 여섯 가지로 배운 사람들에게 실제로 그 색을 구별해보라고 하면 정말 대여섯 개만 구별한다는 것이다. 이들에게는 빨강과 노랑 사이의 주황색이나 남색과 보라색의 차이가 거의 인식이 되지 않는다. 무지개를 세 가지 색으로 여겨온 아프리카의 어느 부족은 실제로 세 가지 색 외에는 구분하지 못한다.

나는 이 사례가 '아는 만큼 보인다'라는 격언의 좋은 예가 될 수 있다고 생각한다. 사실 무지개는 컴퓨터로 색을 검출하면 수만 가지 색이 나온다고 한다. 인간의 시각으로 이 모든 색을 구별할 수는 없겠지만 적어도 일곱 가지보다는 훨씬 많은 색을 구별할 수 있을 것이다. 하지만 '무지개는 일곱 가지 색'이라고 학교에서 교육받는 순간부터 우리는 더 많은 색을 보려는 노력을 멈춘다. 다 안다고 생각하기에 더 이상 고민하지 않는 것이다.

아마 우리의 수읽기가 꼬이는 이유도 여기에 있을 것이다. 다 안다고 생각했는데 내가 모르는 다른 수가 있었던 것이다. 바둑 대국에서도 이런 일은 흔히 일어난다. 아는 것이 부족해서 수읽기를 제대로 하지 못하는 것이다. 수읽기는 많이 알면 알수록 유리하다. 수읽기를 잘하려면 직관과 경험도 중요하지만 무엇보다 지식이 많아야 한다. 끊임없는 공부와 연구로 지식을 많이 쌓아두어야 다양한 각도에서 판을 읽고 더 멀리 예측할 수 있다.

따라서 더 발전하는 길은 공부밖에 없다. 프로 기사에게 공부가 바둑 교본을 읽고 기보를 분석하고 사활문제를 열심히 푸는 것이라면, 세상 사람들에게 공부는 자기 분야에 대해 치열하게 연구하는 동시에 세상에 대해 많은 관심과 열정을 가지는 것이다.

바둑이 인생과 닮은꼴이라고 하지만 사실 바둑 자체는 세상사로부터 단절되어 있다. 바둑을 잘하기 위해 사회적 상식을 길러야 한다거나 역사나 문화적 배경지식이 많아야 하는 건 아니다. 사실 세상이 어떻게 돌아가는지 전혀 몰라도 바둑을 잘할 수 있다. 세고에 선생님은 평생 쌀 한 가마니 값이 얼마인지, 버스 노선이 뭔지 모르고 사셨다. 나만 해도 지금은 뉴스도 보고 드라마도 보지만 전성기 때는 정치가 어떻게 돌아가는지, 경기가 어떤지 전혀 몰랐다. 그렇게 모든 걸 차단하고 바둑만 보면서 살기에도 시간이 부족했다. 바둑인들은 세상살이에 신경 쓸 시간이 있으면 사활문제나 하나 더 푸는 게 낫다고 말한다. 프로 기사들은 바둑판 앞에서는 천재로 불리지만 현실에서는 오히려 바보에 가까운 셈이다.

하지만 실제의 인생은 다르다. 대부분의 직업은 세상과 밀접히 연결되어 있다. 작가는 시대의 요구를 잘 읽어야 좋은 소설을 쓸 수 있고, 작곡가는 대중의 취향을 잘 파악해야 인기곡을 만들 수 있다. 의사도 의료 지식을 아무리 많이 안다 해도 환자들과의 소통이 서투르면 외면당한다. IT 분야에서 일하는 사람들은 새로운 기술에서부터 현재 가장 인기 있는 음악과 영화에 이르기까지 다방면에 관심을 가져야 할 것이다.

그러니 우리가 인생의 수읽기를 잘하려면 자기 분야에 대해 꾸준히 공부하고 동시에 세상에 관심을 기울여야 한다. 신문도 열심히 읽어야 하고 영화와 드라마도 봐야 한다. 알고 싶은 것만 알고, 보고 싶은 것만 봐서는 안 된다. 적어도 어디서 어떤 일이 일어나고 있는지, 무엇 때문에 그런 일이 일어나고 있는지 대략적인 정보를 알고 있어야 한다. 지금 당장은 내가 하는 일과 아무 상관이 없어 보여도 이러한 정보가 모여서 내 안에 쌓이면 결정적인 순간에 정확한 예측을 할 수 있게 도와주기 때문이다.

요즘 세간에 부는 인문학 바람도 비슷한 맥락일 것이라 생각한다. 뭐든 가볍고 짜릿한 것만 좋아하는 시대에 인문학 열풍이 분다는 건 무슨 의미일까. 아마도 그것은 인문학이 인간과 세상을 깊이 이해하게 해주는 통로가 되기 때문일 것이다. 인류가 걸어온 모든 길을 역사, 철학, 과학, 예술 등의 학문을 통해 되돌아보면서 세상에 대한 사유의 지평을 넓히고자 하는 의지일 것이다. 많은 사람이 인문학 강좌를 듣고 나면 마음이 치유되는 기분이라고 한다. 작은 문제에 연연하며 불안해했던 마음이 사라지고 여유 있고 넓은 시각이 자리 잡는 것이다. 인문학적 지식을 쌓으면 직장에서 일을 처리하는 방식, 동료들과 소통하는 방식, 나아가 모든 일을 바라보고 해석하는 방식이 달라지게 될 것이다. 이로 인해 더 창의적인 아이디어를 떠올릴 수 있으며 더 정확하게 미래를 예측할 수 있을 것이다.

우리가 불안해하는 이유는 그만큼 모르는 게 많기 때문이다. 많이 아는 사람은 강하다. 많이 알면 실수가 줄어들고 더 멀리 볼 수 있다. 따라서 최선의 수읽기는 열심히 공부하여 지식과 실력을 쌓는 것이다.

프로는 시간을 이긴다

'초읽기'라는 말은 일상적으로 많이 쓰이지만 바둑에서 어떻게 적용되는지 잘 모르는 사람이 많다. 바둑 대국은 주어진 제한시간을 다 쓰면 초읽기에 들어간다. 초읽기 시간은 대회에 따라 천차만별이다. 30초를 다섯 번 주는 곳도 있고 1분을 딱 한 번만 주는 곳도 있다. 또 국제대회로 가면 더욱 다양해져서 40초를 다섯 번 주거나 아예 안 주는 곳도 있다. 잉창치배의 경우 초읽기가 없고 35분의 추가시간을 주는데, 그것마저 다 써버리면 2집을 공제한다. 어떤 방식이든 시간에 쫓기면서 바둑을 두는 건 마찬가지다.

초읽기 시간을 초과하면 정해진 횟수까지는 봐주지만 그

이상이면 시간패가 된다. 전성기 때의 나는 속기파라서 초읽기에 쫓기는 일이 별로 없었다. 오히려 시간이 남아돌아서 사람들이 남는 시간을 팔아서 부자가 되라고 농담을 했을 정도다. 하지만 이런 나도 시간패를 당한 적이 있다.

한 20년 전에 한국기원이 초읽기 방식을 바꾸었다. 원래는 계시원이 알려주는 방식이었는데 대국자가 직접 기계를 누르는 방식으로 바뀐 것이다. 내가 수를 놓은 후 직접 기계를 눌러야 하는데 그걸 깜빡 잊어서 몇 번이나 시간패를 당했다. 젊은 기사들은 계시기에 금방 적응했지만 나처럼 나이 많은 기사들은 몇 번 당해보고 나서야 정신을 차렸다.

그러나 정말 부끄러운 시간패도 있었다. 61년 내 바둑 인생에서 딱 두 번이다. 이번에는 계시기 때문이 아니었다. 초읽기를 다 써버리도록 착수를 하지 못했다. 정말 묘한 경험이었다. "마지막 초읽기입니다. 하나, 둘, 셋……" 하는 소리를 들은 건 기억이 난다. "여덟, 아홉, 열" 할 때 돌을 놓으면 되는데 손이 얼어붙었는지 머리가 멈추었는지 꼼짝도 할 수 없었다. 언론에서는 이것을 세월 탓, 나이 탓으로 포장해주었지만 나는 안다. 그냥 포기했던 것이다. 프로로서 어떤 변명도 할 수 없다.

가끔은 나도 시간제한이나 초읽기 없이 바둑을 둔다면 어떨까 하는 상상을 한다. 하지만 오래 생각할 것도 없이 고개를 것게 된다. 승부는 제한시간 안에서 펼쳐야 마땅하다. 제한시간이 없다면 각자 최선의 수가 떠오를 때까지 착수를 하지 않을 것이고 그러면 바둑 한 판을 두는 데 수십 일이 걸릴 수도 있다. 이건 승부가 아니라 신선놀음이다. 실제로 일본에서는 30년대까지도 이런 신선놀음을 했다. 그중 1938년 마지막 세습 본인방°인 21대 슈사이(秀哉)와 기타니 미노루와의 대국이 자주 회자된다. 각자 40시간의 제한시간이 있었지만 슈사이의 건강이 좋지 않아서 대국을 수시로 중단했기 때문에 한 판을 다 두기까지 무려 158일이 소요되었다.

일본에는 이처럼 대국이 중단될 때 서로 다음 수가 무엇인지 모르게 하기 위해 다음에 둘 차례인 대국자가 착점을 미리 결정하여 봉투에 밀봉해서 넣어놓는 '봉수(封手)'라는 관례가 있다. 158일이 걸린 만큼 봉수도 무려 열다섯 번이나 했다. 바둑을 예술로 생각하는 일본에서나 벌어질 수 있는 일이다. 당시에는 거의 모든 일본 기사가 이런 식의 대국을 일종의 구도(求道) 행위처럼 여겼다. 하지만 나의 사형이기도 한 우칭위안은 달랐다(그 역시 세고에 선생님에게 배웠기 때문에 나와는 사형, 사제의 관계다). 그는 공명정대한 승부를 하려면 제한

° 본인방은 원래 일본의 유명 바둑 가문으로 21대까지는 문하의 제자들이 그 지위를 세습했다.

시간을 대폭 단축하고 잦은 봉수를 줄여야 한다고 주장했다. 그때가 1930년대이니 시대를 앞선 주장이었다.

무려 158일이 걸린 슈사이와 기타니 미노루의 기보가 얼마나 아름다운지는 말하지 않아도 알 것이다. 넉넉한 제한시간에 봉수 때마다 며칠을 고민할 여유가 있었으니 그야말로 신의 기보가 나왔을 것이다. 그러나 꼭 그런 것만은 아니다. 이렇게 긴 시간을 고민하여 완성된 기보에도 실수는 있다. 또한 빠르게 진행되는 제한시간 1~3시간짜리 바둑에서도 가끔은 놀라운 신의 한 수가 나온다.

결국 제한시간은 필요하다. 아니 꼭 있어야 한다. 인간의 두뇌는 무제한의 시간을 준다고 해서 더 위대하게 발휘되지 않는다. '장고 끝에 악수'라는 말처럼 오히려 너무 많이 고민하다가 생각이 꼬여버리는 경우도 있다. 만약 내가 20대의 기량으로 무제한의 시간을 쓸 수 있고 늘 최상의 컨디션일 때만 바둑을 둔다면, 과연 신을 이길 수 있을까? 나는 불가능하다고 생각한다. 왜냐하면 같은 조건에서 나와 똑같은 실력을 가진 인간과 대결한다 해도 이길 수 있을지 알 수 없기 때문이다. 아무리 경지에 오른 바둑 9단이라 해도 그래 봤자 인간의 머리다. 인간끼리도 승자와 패자가 갈릴 텐데 어떻게 신에게 이길 수 있겠는가.

세상도 마찬가지다. 바둑이 시간제한과 초읽기라는 공평한 틀 안에서 경쟁하는 것처럼 세상도 시간의 제약 안에서 공평하게 싸운다. 시간의 제약에서 벗어날 수 있는 사람은 아무도 없다. 공장은 마감시한 내에 주문받은 물건을 다 만들어야 하고, 건축가는 약속한 기한 내에 건물을 완공해야 한다. 직장인은 늘 내일까지 써야 하는 보고서, 다음 주까지 완성해야 하는 기획서를 끌어안고 산다. 마감에 쫓길 때는 시간이 좀더 많았으면 하고 애타게 바라겠지만 어쨌든 기한 안에 자신의 일을 완성해야 하는 건 누구나 마찬가지다. 또한 프로라면 그 짧은 시간 안에서도 놀라운 능력을 발휘한다.

따라서 자신의 분야에서 프로가 되고 싶다면 어린 시절부터 시간제한이라는 압박 속에서 많은 일을 성취하는 경험을 쌓아야 한다. 학교 시험은 주어진 시간 안에서 공정하게 싸우는 가장 대표적인 경쟁일 것이다. 날마다 해야 하는 숙제, 비교적 긴 시간이 걸리는 보고서 작성, 발표 준비 등도 좋은 훈련이다. 이렇게 긴 호흡과 짧은 호흡의 과제들을 수없이 완수하다 보면 시간을 어떻게 효율적으로 써야 하는지, 데드라인을 어떻게 정해야 하는지, 자신만의 방식을 터득하게 될 것이다.

바둑은 결정을 못하고 초읽기 시간을 넘기는 것보다는 차선의 수라도 놓는 것이 낫다고 가르친다. 마찬가지다. 업무의 완성도도 좋지만 때로는 시간을 지키는 게 더 중요할 때가 있다. 최고의 성과를 내지는 못하더라도 데드라인 안에 일정 수준 이상의 결과물을 늘 내놓는 것 역시 확실한 능력이다. 물론 최고의 성과를 데드라인 안에 내놓을 수 있다면 더할 나위 없을 것이다. 모든 바둑의 고수는 시간제한과 초읽기의 압박 속에서 성장하여 역사에 길이 남을 화려한 기보를 남겼다. 프로는 그런 것이다. 프로에게 시간과의 싸움은 숙명이다. 또한 프로라면 그 싸움에서 반드시 이겨야 한다.

6단

**승부의 세계에서
복기는 기본이다**

아플수록 자세히 봐라

2014년 국수전은 조한승과 이세돌의 대결이었다. 이세돌은 1국에 이어 2국에서도 졌다. 그런데 그날 보여준 두 사람의 복기 장면이 매우 인상적이었다.

복기는 사전적으로 '두었던 바둑을 처음부터 다시 두는 것'을 뜻한다. 하지만 프로의 세계에서 이렇게 한 수 한 수 다시 두는 일은 드물다. 특히 2~3시간이 넘는 장고 바둑의 경우 피 말리는 대국이 끝나면 승자나 패자나 모두 쓰러질 지경이 되기 때문에 복기하는 것 자체가 부담이 된다. 그래서 주로 바둑판을 들여다보면서 어떤 수에서 승패가 갈렸는지, 승자는 무엇을 보고 패자는 무엇을 보지 못했는지 간단히 짚어보는 것으로 대신한다.

그런데 이날 복기는 그렇지 않았다. 이세돌이 조한승을 붙잡고 질문을 퍼부으며 돌을 끊임없이 놓았다 뺐다를 반복했다. 두 사람의 복기는 계시원이 사라진 뒤에도 한 시간 반이나 계속되었다. 나중에는 다른 동료 기사들까지 합세하여 본격적으로 토론을 벌이며 판을 해부하기 시작했다. 이러한 복기의 힘이었을까. 며칠 후 이어진 3국에서 이세돌은 저돌적인 공격바둑으로 멋지게 승리를 거두었다.

복기와 관련한 이러한 에피소드는 바둑 역사에 무수히 기록돼 있다. 1950~1960년대 '면도날'이라는 별명으로 유명했던 사카타 에이오(坂田榮男) 9단이 한 대국에서 아깝게 패한 적이 있다. 당시 상대방 기사가 사정이 있어 복기를 하지 못하고 자리를 뜨자 그는 "자네가 기록을 했으니 함께 복기하세!"라고 말하며 애꿎은 기록원을 붙들고 밤새 패인을 분석했다고 한다. 1991년 동양증권배 결승에서 이창호를 만난 린하이펑 9단은 시종 우세한 경기를 펼치다 역전을 당하고 말았다. 하지만 그는 이미 도의 경지에 오른 고수였다. 눈앞에서 세계 챔피언을 놓쳤는데도 억울한 표정 하나 없이 열일곱 먹은 소년을 붙들고 꽤 오랫동안 복기를 했다. 이날 이후로 이창호는 가장 존경하는 사람으로 린하이펑을 꼽고 있다.

바둑을 잘 모르는 사람에게 복기는 낯설고 다소 낭만적으로 다가올 것이다. 승자와 패자가 머리를 마주하고 대국 내용을 되짚어본다니, 멋지지 않은가. 하지만 멋질 것도 없다. 우리가 복기를 하는 이유는 예의이기도 하지만, 그 편이 효율적이기 때문이다. 패자는 어떻게든 자기가 패한 원인을 알아내야 한다. 집에 가서 혼자 끙끙거리는 것보다는 앞에 있는 사람한테 물어보는 게 훨씬 간단하다. 하지만 또 한편으로는 간단하다고 무 자르듯 말할 수 없는 것이 복기가 대국이 끝난 직후에 이루어지기 때문이다. 승자는 기쁨에 들떠 있고 패자는 억울함과 분함 등 온갖 감정으로 괴롭다. 그 모든 감정을 억누르고 차분하게 복기를 하기란 사실 힘들다. 특히 패자가 된 날의 복기는 몇 갑절 더 힘들다. 그건 마치 상처에 소금을 뿌리는 것과 같다. 겉으로는 덤덤해 보이겠지만 속은 너무 따갑고 쓰라리다.

프로 바둑 기사들은 도인이 아니다. 그저 괜찮은 척하는 것일 뿐 전혀 괜찮지 않다. 이세돌은 2001년 LG배 세계기왕전을 놓고 이창호와 대결했을 때 먼저 두 판을 이겨놓고도 내리 세 판을 져서 준우승에 머물렀다. 그때 그는 열일곱의 어린 나이였지만 덤덤한 모습으로 복기를 했다. 하지만 그날 밤 집으로 돌아가서 오랫동안 소리 내 울었다고 한다.

가끔 복기도 못하고 서둘러 자리를 뜨는 기사도 있다. 관전자들은 무례하다고 생각하지만, 사실 이런 경우는 십중팔구 눈물이 쏟아져서 화장실로 달려가는 것이다. 나는 울었던 적은 없지만 울고 싶었던 적은 많았다. 지금이야 이기고 지는 것을 떠나 아직까지도 바둑을 할 수 있다는 것에 감사할 따름이지만, 젊은 시절의 나는 패배가 싫었다. 복기를 끝내고 나면 혼자 있을 시간이 절실히 필요했다. 술을 좋아하는 것도 아니고 다른 취미도 없으니 혼자서 밤길을 걷다가 지칠 무렵에서야 집으로 들어가곤 했다. 패배에 흔들리는 못난 모습은 가장 가까운 사람인 아내에게조차 보여주기 싫었다.

승자에게도 복기는 쉽지 않다. 기쁨을 감추는 것도 힘들지만 상대와의 관계에서 오는 복잡한 감정 때문에 더 힘들다. 이창호가 나의 타이틀을 다 가져가던 시절, 우리의 복기 장면은 보는 사람들이 마음을 졸일 정도로 미묘했다. 스승을 이긴 미안함에 창호가 나의 질문에 대답도 못하고 진땀만 흘렸던 것이다.

승자에게도 패자에게도 괴롭기만 한 복기. 그럼에도 우리는 복기를 해야 한다. 복기를 해야 무엇을 잘했고 무엇을 잘못했는지 정확히 알고 넘어갈 수 있기 때문이다. 복기를 잘해두면 같은 실수를 되풀이하지 않을 수 있고, 또 좋은 수를 더 깊이 연구하여 다음 대국에 활용할 수 있다. 이처럼 승리한 대국의 복기는 이기는 습관을 만들어주고, 패배한 대국의 복기는 이길 준비를 하게 해준다. 복기는 바둑에만 국한되지 않는다. 특히 승부의 세계에서 복기는 기본이다.

자신이 실수하는 장면을 반복해서 바라보는 건 어떤 심정일까. 아마도 할 수 있다면 피하고 싶을 것이다. 자신의 치부를 정면으로 바라보고 싶은 사람은 아무도 없다. 하지만 승부사들은 오히려 그것을 뚫어져라 바라본다. 승리는 오직 실수를 인식하고 두 번 다시 되풀이하지 않아야 얻을 수 있다는 걸 잘 알기 때문이다.

복기의 의미는 결국 성찰과 자기반성이다. 이것은 깊이 있는 생각을 바탕으로 하며 겸손과 인내를 요구한다. 프로 기사들이 승부사로서 대국 중에 다소 공격적인 성향이 있긴 해도 기본적으로 품성이 좋은 이유는 어려서부터 복기를 통해 꾸준히 자아성찰을 하기 때문일 것이다. 나는 수많은 바둑 고수를 만나봤지만 그들 중 교만한 사람은 한 명도 본 적이 없다. 어린 시절부터 천재라는 소리를 수도 없이 듣고 자랐을 텐데도 오히려 더 겸손하다. 그 이유는 정상에 올라서기까지 수많은 천재에게 짓밟혀보았기 때문일 것이다. 그렇게 수없이 짓밟히다 보면 나라는 존재는 우주에 무수히 많은 점 중 하나일 뿐이라는 생각이 든다. 그저 열심히 노력해서 내 몫을 다하자고 생각할 뿐, 내가 대단하다는 자부심은 조금도 가질 수 없다.

정도의 차이는 있겠지만 사람들은 모두 복기를 한다. 누구나 하루가 끝나면 잠자리에 누워서 그날 있었던 일을 떠올릴 것이다. 상사에게 꾸중을 들은 일, 칭찬을 받은 일, 회의 시간에 벌어졌던 일, 프로젝트의 진행 과정 등을 떠올리면서 내가 왜 그랬을까 후회도 하고 반성도 할 것이다.

이때 중요한 건 피하지 않는 것이다. 어떤 사람은 너무 창피한 일, 너무 후회되는 일은 떨쳐버리려고 애쓴다. 자신이 잘못한 것을 자꾸 남의 탓으로 돌리거나 정당화하는 사람도 있다. 실패를 빨리 극복하는 것이 좋긴 하지만 그렇다고 남의 탓으로 돌리거나 아예 부인해서는 안 된다. 극복하되 무엇을 잘못했는지, 그 진단만큼은 반드시 해야 한다. 그래야 똑같은 실수를 반복하지 않는다.

아파도 뚫어지게 바라봐야 한다. 아니 아플수록 더욱 예민하게 들여다봐야 한다. 실수는 우연이 아니다. 실수를 한다는 건 내 안에 그런 어설픔과 미숙함이 존재하기 때문이다. 실수를 인정하고 고치지 않는다면 영원히 미숙한 어린아이 상태로 살아가게 된다.

인정하고 바라보자. 날마다 뼈아프게 그날의 바둑을 복기하자. 그것이 나를 일에서 프로로 만들어주며, 내면적으로도 성숙한 어른으로 성장시켜줄 것이다.

적의 생각을 내 것으로 만들어라

복기의 또 다른 의미는 가지 않은 길을 탐색하는 데에 있다. 우리는 복기를 하면서 다른 경우를 생각해본다. 만약 이랬으면 어땠을까, 다른 수를 놓았다면 승패가 뒤집히지 않았을까. 그런 토론이 오가는 것이 프로들의 복기다.

이때 진 사람은 어떻게 해서든 복기에서라도 자신이 이기는 수를 찾아내고 싶어 한다. 실전에서는 졌지만 복기에서라도 이겨서 상대방으로부터 항복을 받고 싶어 한다. 대국에서 진 억울함을 풀기 위한 일종의 한풀이인 셈이다. 반면 이긴 사람은 마음의 여유가 있기 때문에 웬만하면 복기에서 져주려고 한다. 그래, 그랬다면 내가 졌겠다, 그렇게 했다면 내가 빠져나올 수 없었겠다 하면서 상대방의 기분을 풀어주려고 애쓴다. 하지만 복기에서도 실전 못지않게 팽팽히 맞서는 경우도 있다. 진 사람이 이길 수 있었던 아이디어를 내놓으면 이긴 사람은 그걸 번복할 또 다른 아이디어를 내놓는다. 이렇게 아이디어와 아이디어가 오가다 보면 난상토론이 벌어지고 실전보다도 더 오랜 시간이 흘러가기도 한다.

복기가 중요한 것은 이처럼 대국 후의 토론을 통해 상대방의 아이디어를 알 수 있기 때문이다. 내가 전혀 몰랐던 것, 미처 생각하지 못했던 것을 상대방을 통해 알게 된다. 이것은 정말 대단한 경험이다. 생각을 많이 해본 사람이라면 어떤 계기에 의해 사고의 틀이 와장창 깨지면서 머리가 뻥 뚫리는 듯한 경험을 해본 적이 있을 것이다. 지금까지 세워온 사고의 질서가 무너지면서 잠시 혼란을 느끼게 되지만, 그것을 잘 소화하고 나면 더 높은 차원으로 사유할 수 있게 된다. 다른 사람의 사고 체계를 받아들이면 이처럼 머릿속에 혁명이 일어난다. 이것이 가능하려면 열린 마음이 우선이다. 적을 적으로만 본다면 결코 배울 수 없다. 적이라도 존경심을 가지고 좋은 점을 적극적으로 받아들여야 한다. 경쟁과 미움만 앞세우면 결코 발전할 수 없다.

누구나 지는 걸 싫어한다. 될 수 있으면 아무에게도 무릎을 꿇지 않고 살아가고 싶을 것이다. 하지만 진심으로 이기고 싶다면 이기는 사람에게 고개를 숙이고 배워야 한다. 하나라도 더 질문해서 그 사람의 아이디어를 내 것으로 만들어야 한다.

나는 바둑이 계속 발전할 수 있는 이유가 다른 분야와 달리 지식의 집단적 공유와 공개적 토론의 문화가 활발하기 때문이라고 생각한다. 바둑의 기보는 마치 인터넷 네트워크와 같다. 누구나 접속해서 찾아볼 수 있고 누구나 복기하면서 대안을 제시할 수 있다. 유명 바둑 사이트 게시판에는 정상급 기사들의 기보를 놓고 날마다 토론이 벌어진다. 바둑이라는 것 자체가 나이와 성별, 급수의 구분 없이 맞붙는 스포츠이기에 누구나 새로운 아이디어를 제시할 수 있다.

1997년 제10회 후지쯔배 참가를 위해 여러 프로 기사들과 함께 일본행 비행기에 올랐을 때의 일이다. 당시 내 머릿속은 며칠 전 고바야시 사토루와 두었던 동양증권배 결승 2국에 대한 생각으로 가득 차 있었다. 결과적으로 이기기는 했지만 내용 면에서 흡족하지 않았기 때문이었다. 마침 옆에 앉은 차민수가 그 얘기를 꺼내기에 나는 내 생각을 말해주었다.

"가만히 생각해보니 묘수가 있었어. 일찌감치 끝장 낼 수 있었는데 내가 포석을 잘못 썼더라고."

그러면서 생각했던 묘수를 말해주었다. 그런데 그 대화를 뒷좌석에 앉아 있던 이창호가 들었던 모양이다. 호텔에 짐을 풀기가 무섭게 창호는 나의 묘수에 대응할 방안을 연구하기 시작했다. 그리고 하룻밤 만에 그 대답을 찾아냈다. 창호는 그것을 동료 기사인 최명훈 5단에게 말했다.

"어제 선생님이 비행기 안에서 말한 수 있지? 그거 다른 묘수가 있어서 안 돼."

최명훈은 이 발견을 차민수에게 전했고, 차민수는 또다시 나에게 전했다. 나는 하룻밤을 더 고민했다. 그리고 또 다른 묘수를 발견했다.

"어제 창호가 얘기한 수 말이야. 내가 이렇게 막아내면 어쩌겠다는 거지?"

차민수가 무릎을 쳤다.

"그러면 꼼짝 못하겠구먼!"

우리의 복기는 멈추는 법이 없다. 아마 이창호는 지금도 또 다른 묘수를 연구하고 있을 것이다.

고수는 날마다 복기한다

오래전 기원으로 누군가가 나를 찾아왔다. 통성명이 끝나자 그는 대뜸 도발적인 발언을 했다.

"나는 당신을 이길 수 있소!"

"예?"

"나는 조 선생의 기보를 수백 번씩 놓아보았소. 지피지기면 백전백승 아니오? 조 선생은 나를 모르지만 나는 조 선생의 바둑을 다 알고 있으니, 내가 당신을 이길 수 있소!"

뭐라 할 말이 없었다. 그냥 "아, 그렇습니까" 하고 대화를 끝냈다.

기보 연구는 바둑 공부의 기초다. 입문자부터 프로에 이르기까지 바둑을 하는 사람이라면 누구나 기보를 보면서 공부한다. 과거로부터 전해 내려오는 고전명국(古典名局)의 기보, 주요 대회의 기보, 유명 프로 기사들의 기보는 반드시 챙겨보아야 한다. 기보를 보면서 고수들의 포석과 정석을 익히고 위기 앞에서 어떻게 버텼는지, 어떤 묘수로 빠져나왔는지 그 사유의 방식을 배운다. 초보들은 기보 분석만 열심히 해도 단시간에 실력이 쑥쑥 느는 경험을 한다.

기보를 바둑판 위에 그대로 놓아보고 분석하는 행위는 남의 바둑이라는 것만 다를 뿐 복기와 비슷하다. 하나씩 놓아보면서 왜 거기에 놓았는지, 어떤 의도가 있었는지 헤아리다 보면 그 사람의 생각의 방식을 알게 된다. 아, 그래서 그랬구나. 이런 아이디어가 있었구나. 프로의 바둑은 한 수 한 수가 깊은 뜻이 있기에 그걸 하나씩 밟아보는 것은 큰 의미가 있다. 기보를 보는 또 다른 이유는 실수를 찾기 위해서다. 아무리 대단한 고수의 기보라고 해도 허점이 있게 마련이다. 고수가 저지른 어이없는 실수, 미처 보지 못한 수, 승리의 요인과 패배의 요인을 분석하다 보면 복기와 마찬가지로 하나의 기보를 분석하는 데 수십 일이 걸리기도 한다. 하지만 과연 기보를 보는 것만으로 그 사람의 바둑을 다 안다고 말할 수 있을까? 그렇다면 더할 나위 없이 좋겠지만, 그럴 수가 없다.

물론 기보를 보면 그 사람의 바둑 스타일을 파악할 수 있다. 공격적인 바둑을 두는지, 치밀한 계산 바둑을 두는지 등의 바둑 '류'를 파악하는 데에 도움이 된다. 그러나 이건 그저 대체적으로 그렇다는 것일 뿐이다. 고수의 바둑은 단 한 수의 차이에 의해 어떤 방향으로 진행될지 알 수가 없다. 실리적인 바둑을 구사하던 사람이 대담한 공격의 한 수를 놓기도 하고, 공격적인 바둑을 구사하는 사람이 어느 순간 소심한 방어적 바둑으로 일관하기도 한다. 고수의 바둑은 이처럼 상황에 따라 탄력적으로 변화하기 때문에 아무리 기보를 많이 외운다 해도 그를 다 안다고 말할 수 없다.

바둑은 지구상의 모든 보드게임 중에서 경우의 수가 가장 많은 게임이다. 수학적으로 단순히 계산해도 700자리 수가 된다고 한다. 물론 바둑의 룰을 적용하면 상당수가 무의미하겠지만 그래도 어마어마한 수인 것은 분명하다. 바둑은 룰뿐 아니라 두는 사람의 창의성에 따라 수억, 수조 가지로 조합된다. 어느 지점에서 시작하느냐에 따라서도 진행이 천차만별로 달라진다. 바둑을 기록한 역사가 200년이지만 아직까지 단 한 판도 똑같은 바둑이 없었다.

나도 어릴 적에는 대국을 하기 전에 상대방을 알기 위해 그의 기보를 샅샅이 훑고 분석했다. 하지만 그것이 크게 도움이 되지 않는다는 걸 곧 깨달았다. '저 사람은 이렇게 하니까 나는 이렇게 해야지'라고 전략을 세워 가도 실전에 나가면 단 한 수의 차이로 모든 것이 달라졌기 때문이다. 그렇다면 그 모든 변수에 일일이 다 대응하여 전략을 세워서 가야 하는데 이는 엄청난 시간을 소요한다. 결국 상대방을 분석하는 데 시간을 쏟는 것보다는 지금까지 해온 바둑 공부를 쭉 이어서 하는 것이 더 나은 준비라는 걸 깨달았다.

가장 좋은 방법은 날마다 그날의 바둑을 복기하는 것이다. 낮에 둔 바둑을 그대로 기억하여 다시 놓아보는 것은 바둑 공부의 기본이다. 그날 둔 바둑은 현재 내 실력과 수준을 그대로 보여주는 거울이다. 잘못된 게 있으면 지금 고치고 넘어가야 한다.

세고에 선생님은 바둑을 하나 하나 친절히 가르쳐주는 분은 아니었지만 복기만큼은 엄격히 챙기셨다. 저녁을 먹고 그날 둔 바둑을 복기하는 건 당연한 일과였다. 선생님 앞에서 복기를 하고 있으면 가끔 손가락으로 돌 하나를 가리키셨다. 아무 표정도 말씀도 없었지만 나는 그 돌이 내가 연구해야 할 수라는 걸 이해했다.

내가 창호를 가르친 방식도 다르지 않다. 창호는 우리 집에 올 때 이미 내가 훈련시킬 필요가 없을 정도로 성실이 몸에 배어 있었다. 우리 집에 마련한 창호의 방은 바둑 서적이 빼곡하게 꽂혀 있는 자료실이나 다름없었는데 창호는 이 모든 책들을 하나씩 빼서 다 읽었다. 기보란 기보는 다 보고 분석하는 것 같았다. 가끔 창호를 불러 복기를 하게 했다. 그런데 이상하게도 창호는 그날 둔 바둑을 복기하지 못했다. 돌을 몇 개 놓다가 그 다음부터는 기억이 안 난다며 돌처럼 앉아 있었다. 믿을 수가 없었다. 프로 기사들은 복기쯤이야 노력하지 않아도 저절로 되는 법이고, 기보도 한번 보면 순식간에 외워버리는 게 당연하다고 생각해왔기 때문이었다. 나는 창호에게 한 가지 주문을 했다.

"다른 건 몰라도 그날 둔 바둑만큼은 꼭 기억하도록 해라. 그걸 알아야 너의 바둑을 반성하며 고쳐나갈 수 있다."

그 후로 창호가 굉장히 노력했다. 느릿느릿 기억을 해내길 반복하더니 머지않아서 복기를 못하던 모습은 온데간데없이 사라졌다. 창호도 이제 권좌에서 내려온 지 꽤 되었지만 지금도 자나 깨나 복기하고 기보를 연구한다. 그는 대국이 끝난 후에도 상대방이 원할 경우 굉장히 꼼꼼하게 복기를 해준다. 상대방이 질문을 하면 자신의 전략을 남김없이 말해준다. 중국 바둑팬들이 창호를 유난히 좋아하는 이유도 겸손한 태도로 복기에 임하는 모습 때문이라고 한다.

2004년 창호가 올라간 춘란배 결승 때에도 복기와 관련하여 훈훈한 뒷얘기가 있다. 우승을 하고 저녁 8시쯤 호텔에서 쉬고 있는데 결승 상대였던 후야오위(胡耀宇) 7단(현 8단)이 젊은 기사들을 여러 명 거느리고 이창호를 찾아왔다고 한다. 그들은 다시 한 번 복기를 해달라고 졸라댔다. 불시의 방문이었지만 이창호는 기꺼이 응했다. 그날 창호는 졸린 눈을 비비며 중국 기사들의 질문에 답하며 새벽까지 복기를 했다고 한다.

기억은 하되 후회는 하지 마라

복기를 하다 보면 머리를 쥐어뜯고 싶은 순간이 있다. 특히 큰 대회의 결승에서 아깝게 패한 날에는 몇 갑절 더 힘이 든다. 내가 왜 그걸 못 봤을까, 나는 바보가 아닐까. 놓쳐버린 우승 상금을 생각하면 분한 마음이 더 커진다. 하지만 이런 자책에 사로잡혀 있으면 복기가 제대로 되지 않는다. 복기는 이미 둔 바둑을 객관적으로 바라볼 수 있을 때 제대로 된다. 자책, 한탄, 억울함 등의 감정에 가득 차 있으면 그저 안타깝고 괴로울 뿐 내가 무엇을 잘못했는지 반성이 되지 않는다.

그래서 프로 기사들은 얼른 털어버리고 복기에 집중하려고 노력한다. 사실 이게 쉬운 일은 아니다. 꽉 차 있는 감정을 버리려면 시간이 필요한 법인데 아무 여유도 없이 복기가 진행되니 죽을 맛이다. 하지만 이것도 한두 번 하다 보면 단련이 된다. 감정이 빨리 다스려진다기보다는 죽을 맛에 익숙해진다는 게 맞는 말일 것이다.

때로는 이 죽을 맛이 대국이 끝나고도 한참 지속되기도 한다. 이건 프로 기사에게 굉장히 안 좋은 징조다. 패배감에 너무 오래 휩싸여 있으면 자신감을 잃게 되고 그것이 긴 슬럼프로 이어질 수도 있기 때문이다. 그래서 우리는 복기를 단순히 복습하고 반성하는 의미로만 생각하지 않는다. 복기는 극복하고 흘려보내는 의식이다. 오늘 바둑을 망치긴 했지만 뭐어쩌겠는가. 이미 둔 돌은 무를 수가 없다. 게임이 끝났으니이제 되돌아보고 반성한 후 잊어버려야 한다.

인간은 긍정적인 기억보다 부정적인 기억을 더 오래 간직하는 경향이 있다고 한다. 칭찬을 들은 일, 크게 성공한 일에 대해서는 빨리 망각하고, 반대로 망신을 당했다거나 크게 실패한 일에 대해서는 평생 기억한다. 아마도 심리적으로 훨씬충격이 강해서 정신적 외상으로 남기 때문일 것이다. 나 역시그렇다. 지금까지 2700판이 넘는 대국을 치렀고 그중 1900판정도를 이겼지만 이상하게도 이긴 대국보다 진 대국이 더 기억에 남는다. 잉창치배나 후지쯔배, 동양증권배 등에서 승리한 기억도 크지만 질량으로 따지자면 오히려 창호에게 기성전에서 반집 차이로 패배한 기억이 더 크다.

제7기 기성전에서 첫 두 판은 나의 승리였다. 그런데 창호가 쫓아와서 내리 두 판을 잃었다. 2 대 2 동점이 된 상태에서 제5국을 치렀는데, 다 두고 보니까 창호의 반집승이었다. 엄청나게 아까운 판이었다. 그해 기성전 우승 상금이 1800만 원이었다. 여기서 우승하면 이듬해 타이틀 보유자로 자동출전을 하게 되니 대국료까지 합하면 눈앞에서 5천만 원을 잃은 것이나 다름없었다. 반집 차로 진 기분은 뭐라 표현할 수가 없다. 모든 승부가 다 똑같긴 하지만 아깝게 진 판은 허탈감이 더 심하다. 이렇게 지고 온 날은 잠도 잘 못 이룬다. 몸과 머리는 굉장히 피곤한데 신경이 좀처럼 느슨해지지 않는다. 이불 속에서 뒤척거리다 보면 덩달아 아내까지 잠을 못 이루곤 한다.

이런 감정은 빨리 떨쳐내는 게 좋다. 곧 다른 대회가 열릴 것이고 나는 또 참가해야 하기 때문이다. 내가 택한 방법은 역시 복기하고 또 복기하는 것이었다. 복기를 통해 패착을 밝혀내고 내가 이길 수 있었던 길을 찾아내면 그 자체로 마음이 홀가분해진다. 아, 그랬구나. 이렇게 했다면 내가 이겼겠구나. 그럼 다음에는 이런 실수를 하지 말아야겠구나. 이렇게 소화하고 나면 기분이 좋아진다. 또한 사람들하고 활발하게 얘기하고 토론하는 것도 나쁜 기억을 털어내는 데에 큰 도움이 된다. 기성전이 끝나고 난 후 나는 내 복기의 결과를 공개적으로 얘기하고 다녔다. 아예 '조훈현이 이창호에게 잃은 5천만 원짜리 반집'이라고 제목을 붙여서 무엇이 나의 실수였는지 자세히 설명했다. 그렇게 얘기하고 또 얘기하다 보니 어느새 그날의 기보가 남의 것처럼 객관적으로 보이기 시작했다.

이외에도 나는 오래전부터 간간이 주요대회의 해설을 맡아왔는데 해설도 감정을 흘려보내는 데에 많은 도움이 된다. 늘 대국자의 위치에 있다가 해설자가 되어 기사들의 경기를 지켜보고 있으면 또 다른 시각이 생긴다. 대국자들에게는 피를 말리는 승부지만 바둑 팬들에게는 흥미진진한 게임이고, 바둑 역사로 볼 때에는 또 하나의 기록이 탄생하는 순간이다. 이런 분위기를 자주 접하다 보면 우리가 울고 웃는 수많은 승부가 다 지나가는 것이라는 생각이 든다.

또한 내가 대국에서 지고 힘들어하는 만큼 나에게 진 사람들도 똑같이 힘들겠다고 생각하면 그것 역시 기분을 바꿔준다. 승부는 제로섬 게임이다. 내가 늘 이기면 좋겠지만 그건 다른 기사들한테 불행이 되고 바둑 팬들에게도 달갑지 않은 일이다.

가만히 생각해보면 늘 이기기만 한다면 그것도 정말 무료한 삶일 것 같다. 실패가 있기 때문에 성공이 더 의미 있다. 꼭 이겨야 한다는 경직된 사고를 버리고, 이길 때가 있으면 질 때도 있다고 생각하면 마음이 훨씬 편해진다.

실패는 빨리 떨쳐버리는 게 좋다. 후회할 시간이 없다. 내일 또 싸워야 하니, 후회하고 있을 시간에 기보를 하나라도 더 보는 게 낫다. 시험을 못 봤다고 실망할 것도 없고, 면접에서 떨어졌다고 좌절할 것도 없다. 상사에게 꾸중을 들었다고 해서 하늘이 무너지지 않는다. 곧바로 다음 기회가 주어지므로 그에 대비하는 것이 더 중요하다. 복기는 후회가 아니다. 복기는 새로운 전략의 수립이다. 실수를 반성한 후 더욱 창의적인 새로운 아이디어로 무장하는 것이다. 실패를 홀홀 털어버리는 자신만의 방법을 찾아내어 빠르게 자신감을 되찾아야 한다.

승리한 대국의 복기는 이기는 습관을 만들어주고

패배한 대국의 복기는 이길 준비를 하게 해준다.

7단

나눔으로
생각의 규모를 키워라

왜 베풀어야 하는가

아직까지도 바둑은 한국, 중국, 일본 세 나라의 전유물로 인식되는 면이 있다. 이 세 나라의 바둑 인구가 가장 두텁고, 프로리그나 기전이 활발하며, 굵직한 국제기전을 주최하기 때문이다. 무엇보다 가장 높은 수준의 바둑을 구사한다는 점에서 이 세 나라를 따라올 나라가 아직은 없다.

하지만 그렇다고 바둑이 한·중·일 삼국의 테두리 안에만 머물러 있는 것은 아니다. 대만은 인구가 적어서 선수층이 부족할 뿐 프로기전도 활성화되어 있으며 그 수준도 정상급이다. 일찍부터 바둑 기사들을 일본으로 유학시켜 정상급 기사를 길러내는 데에도 공을 들였다. 조치훈이 나타나기 전까지 일본 바둑을 평정했던 린하이펑이 대만 출신이란 건 잘 알려진 사실이다. 또 10년간 대만 바둑의 일인자로 군림했던 천스위안은 권갑룡 도장*에서 공부한 한국 유학파다. 무엇보다 바둑 대회의 규모와 시장이 지금처럼 커진 데에는 대만의 부호 잉창치의 공이 크다. 그가 상금 40만 달러 규모의 국제기전인 잉창치배를 만들지 않았다면 후지쯔배도 생겨나지 않았을 것이고 바둑의 세계화도 훨씬 늦어졌을 것이다. 이처럼 대만 바둑은 규모는 작지만 바둑의 역사에서 차지하는 무게만큼은 결코 가볍지 않다.

동아시아를 벗어나면 바둑의 인구는 현격히 줄어든다. 그렇다고 애호가 층이 아예 없는 것은 아니다. 국제바둑연맹에 등록된 회원국은 2023년 현재 총 77개국으로 유럽에 39개국, 아메리카에 15개국, 아프리카에도 3개국이 있다. 2016년 조사에 의하면 전 세계적으로 바둑을 둘 줄 아는 인구는 약 4700만 명, 대회에 참가하는 인구는 약 250만 명에 이른다. 수억 명에 이르는 체스 인구에 비하면 보잘것없지만 그래도 적은 수는 아니다.

바둑이 이처럼 동아시아를 넘어 전 세계로 전파된 것은 일

---

* 1983년 개원해 국내에서 가장 많은 프로 기사를 배출한 도장. 이세돌, 최철한이 이곳 출신이고 중국, 대만 등지에서 온 많은 유학생을 가르쳤다. 권갑룡 도장 외에도 충암 도장, 장수영 도장, 양천대일 도장 등이 유명하다.

본의 공이 크다. 1960년대 일본기원은 바둑에 관심 있는 서양인들을 위해 영어로 된 바둑 잡지인《고 리뷰(Go Review)》를 발행했다. 미국, 유럽, 남미 등지에 바둑 센터를 만들어주고 외국에 바둑 사범을 파견한 것도 모두 일본이 한 일이다. 바둑이 서양에 '고('기'의 일본어 발음)'라는 이름으로 알려지고 대부분의 바둑용어가 일본 발음인 것도 일본을 통해 보급되었기 때문이다.

이처럼 바둑의 위상이 지금에 이르기까지에는 많은 개인과 국가의 노력이 있었다. 그중에 한국의 노력은 얼마나 될까. 이제 한국이 일본을 능가하는 바둑 강국으로 성장한 만큼 나는 우리도 주도적으로 바둑의 세계 보급을 위해 애써야 할 때가 되었다고 생각한다. 아직 규모는 작지만 한국도 여러 시도를 하고 있다. 전문기사들이 유럽, 미국, 호주, 싱가포르 등으로 파견되어 지도 사범으로 일하고 있고, 또 고(故) 한상대 교수(전 명지대 바둑학과)처럼 외국인을 위해 영어 바둑 교실을 열고 해외 파견 사범들에게 영어 교육을 해주는 숨은 봉사자도 있다. 2010년부터는 대한바둑협회와 한국기원이 예산을 마련하여 해외 파견 사범들에게 지원금도 주고 있다.

'우리가 왜 바둑의 세계화까지 신경을 써야 하지?'라고 생각하는 사람이 있을지도 모르겠다. 하지만 이것은 '우리가 왜 태권도를 보급해야 하지?'라는 말과 비슷한 근시안적인 생각이다. 태권도가 전 세계로 퍼지지 않았다면 지금처럼 올림픽 종목이 될 수도, 세계적인 태권도 대회에서 우리나라가 많은 메달을 딸 수도 없었을 것이다. 태권도 인구가 많아질수록 선수와 사범의 수도 많아지고, 선수권 대회도 늘어나고, 그로 인한 산업도 커진다. 더불어 종주국인 한국의 위상도 높아진다.

우리나라가 가난했던 1960~1980년대, 태권도와 바둑은 한국의 자존심이었다. 그때 외국에 나간 유학생들과 교민들은 태권도와 바둑 덕분에 기를 펼 수 있었다. 키 작은 동양인이 맨주먹으로 벽돌 스무 장을 격파하고 공중으로 날아올라 판자를 두 조각으로 박살내는 모습은 서양인들에게 충격을 주었다. 또 무시당하던 유학생들도 바둑 고수라고 알려지면 그때부터 캠퍼스 안에서 대우가 달라졌다고 한다. 수업을 마치고 나오면 학생이나 교수들이 바둑판을 들고 와서 한 판만 두자고 매달리는 경우가 많았다고 한다.

인천아시안게임에서 바둑이 정식 종목으로 채택되는 데에 실패했지만, 나는 세계 바둑 인구가 많아지면 이 역시 저절로 풀릴 문제라고 생각한다. 한국과 일본, 중국이 노력하여 바둑 인구가 유럽과 북미, 남미로 널리 퍼진다면 언젠가는 올림픽에서 바둑을 하게 될 수도 있다. 일본이 있었기에 한국과 중국의 바둑이 성장할 수 있었던 것처럼, 또 한국이 있었기에 중국의 바둑이 지금처럼 강해질 수 있었던 것처럼, 각자의 성장을 위해서는 서로가 필요하다. 바둑뿐 아니라 모든 분야가 그러할 것이다. 혼자서는 절대로 성장할 수 없다. 서로 나누면서 함께 성장해야 한다.

현재 바둑의 세계화는 아주 느리게 진행되고 있지만 그 열정만큼은 무엇에도 뒤지지 않는다. 해마다 열리는 세계아마바둑선수권대회에는 기꺼이 자비를 내고 출전하는 선수들이 50~60명에 이른다. 참가국도 유럽 주요 국가뿐 아니라 베트남, 브라질, 인도, 아제르바이잔 등 다양해지고 있다. 또 아마추어 기사와 프로 기사 누구나 참가할 수 있는 오픈 참가제로 진행되는 '유럽바둑콩그레스(European Go Congress)'에는 매년 수백 명에 이르는 바둑 애호가들이 참가하고 있고 그 기량도 해마다 늘고 있다.

호주바둑협회 회장을 지내기도 한 故 한상대 교수가 호주에서 만난 상상을 초월하는 바둑광들에 대한 칼럼(〈한상대 교수가 전한 호주의 바둑 기인들〉,《일요신문》1157호)을 읽은 적이 있다. 그중 한 명은 백만장자인 불어 교수인데, 바둑을 좋아한 나머지 일본어를 공부하여 일본어 교수가 되었다고 한다. 그 후 한국 바둑을 배우고 싶은 마음에 한국어도 독학했고, 기어이 한국까지 와서 권갑룡 도장에서 바둑 공부를 시작했다. 그는 한국에 있는 동안 아예 종로에 숙소를 정해서 매일 탑골공원에 나가 노인들과 바둑을 두었다고 한다. 점심때는 서울시에서 나오는 급식 트럭 앞에 줄을 서서 공짜 국수를 후다닥 얻어먹고는 또다시 바둑을 두었다. 사람들 눈에는 이상한 외국인으로 보였겠지만 그는 하루 종일 원 없이 바둑을 둘 수 있는 환경에 매우 행복한 나날을 보냈다고 한다.

또 다른 호주 사람은 동양학 박사인데 바둑에 미쳐서 바둑 논문을 써서 이 분야에서 또 석사학위를 취득했다고 한다. 그는 뜬금없이 태즈메니아(호주 동남부에 있는 큰 섬)에 대농장을 사기도 했는데 꿍꿍이가 있었다. 목동을 고용할 때 '목장 일이 끝나면 두 시간 정도 바둑을 배우겠다'는 서약서를 쓰게 한 것이다. 그 결과 그가 고용한 모든 목동들이 바둑을 즐기게 되었다. 놀랍게도 얼마 후 그중 한 소년이 아마 2단이 되어 호주 청소년 대표로 세계대회에 출전했다고 한다. 나중에 그는 목장을 팔고 다른 동네로 이사를 갔는데, 거기서도 매일 동네 아이들을 불러서 바둑을 가르친다고 했다. 이긴 아이에게는 상금으로 2달러를 준다고. 그가 창안한 독특한 바둑 보급법인데 효과가 아주 좋단다.

뭔가를 무척 사랑하면 자연스럽게 주변 사람들에게 권하게 된다. 함께하면서 그 즐거움을 나누고 싶기 때문이다. 우리가 해외에 나가서 한두 사람을 바둑 애호가로 만들면 그들은 이렇게 수십, 수백 명에게 전파한다. 또한 그 이익은 몇 갑절로 커져서 우리에게 돌아온다. 나누고 베푸는 것은 결코 한 방향이 아니다. 그것은 우리가 받은 혜택의 빚을 갚는 것이자 우리의 미래를 위한 투자이기도 하다.

적의 성장을 기뻐하라

2013년은 한·중·일 3국의 바둑 전쟁에 엄청난 지각변동이 일어난 해였다. 총 7개의 세계대회 중 6개의 우승 트로피가 모두 중국으로 넘어갔고 나머지 하나는 일본이 가져갔다. 한국이 단 하나의 우승 트로피도 챙기지 못한 건 17년 만에 처음 일어난 일이었다. 이를 두고 많은 사람이 한국 바둑의 위기가 더욱 심화된 것으로 여겼다. 1989년 내가 잉창치배에서 우승한 이후 그때까지 이어진 한국 바둑의 전성기가 이제 저물고 있다는 신호였을지도 모른다.

반면에 중국의 기세는 그 이후로 등등해졌다. 바둑 인구가 감소하고 있는 한국, 일본과는 달리 중국의 바둑 인구는 지속적으로 성장세를 달렸다. 정부의 지원과 기업의 투자가 늘어나서 프로리그가 활성화되고 굵직한 국제기전도 계속 개최하고 있다. 2013년 중국은 국제기전 우승 상금 규모에서도 한국을 추월했고 지금까지 같은 수준을 유지하고 있다.

세대교체도 빠르게 일어나고 있다. 2012년 연말 세계랭킹 1위는 이세돌, 6위가 박정환, 7위가 최철한이었는데 2015년 1월 이세돌은 3위로 내려앉았고 박정환이 1위, 김지석이 2위로 올라섰다. 상위권에 세 명이나 있으니 괜찮아 보였지만 그렇지가 않았다. 이들 바로 밑을 추격한 중국 기사들은 무섭게 성장하여 몇 년간은 중국의 커제(柯洁)가 독주했다. 2023년 6월 현재는 신진서가 1위, 박정환이 2위, 변상일이 4위로 다시 한국이 선전하고 있지만 여전히 10위권 대다수는 커제, 왕싱하오(王星昊), 구쯔하오(辜梓豪), 미위팅(芈昱廷), 리친청(李欽誠), 딩하오(丁浩) 등 중국 기사들이 차지하고 있다.

중국 바둑의 힘이 이토록 커진 것에 대해 우려와 걱정이 많다. 중국의 우세는 한국 바둑의 쇠퇴를 의미하고, 그것은 과거 일본이 한국에 우위를 빼앗긴 후 바둑이 사양길로 접어든 것처럼 우리도 그런 수순을 밟게 될 수 있다는 가능성을 암시하기 때문이다. 하지만 다른 시선도 필요하다고 생각한다. 수십 년 정상에 있었으니 잠시 중국에 그 위치를 물려줘도 괜찮다. 원래 모든 스포츠는 강력한 경쟁 상대가 있을 때에 더 발전하는 법이다. 게다가 중국 바둑이 이만큼 성장했다는 건 프로 기사들의 활동무대가 더 넓어졌다는 걸 의미한다. 전에는 일본과 한국이 주최하는 기전이 전부였지만, 중국이 대규모의 국제기전을 쏟아내고 있고 프로리그까지 만들었으니, 그만큼 우리 기사들이 참여하여 수익을 올릴 기회가 많아진 것이다. 이미 중국의 갑조·을조 프로리그에는 많은 한국 기사가 참여하고 있다. 중국의 프로리그에 한국 기사들이 대거 기용되어 현지에서 연예인 못지않은 인기를 누리고 한 해 수천만 원에서 수억 원 대의 수입을 올리고 있다. 코앞에 닥치기까지는 아무도 예상 못 한 대단한 변화다. 하지만 차민수는 알았다. 차민수는 80년대 초반부터 "중국 바둑이 발전해야 세계 바둑이 발전한다"라고 주장하고 다녔다.

세상에 많이 알려지지 않았지만 차민수는 중국 바둑과 떼려야 뗄 수 없는 관계다. 그는 중국 바둑이 정부로부터 이렇다 할 지원을 못 받던 시절부터 많은 도움을 주었다. 그 인연은 1980년대 중반에 시작되었다. 그때 한국기원은 중국과 어떻게든 바둑 교류를 하고 싶었는데 뾰족한 방법을 찾지 못하고 있었다. 당시만 해도 중국은 공산국가에 한국과 수교조차 없었기 때문에 아무런 연결 채널이 없었다. 중국기원과 어떻게 접촉을 할까 고민하던 중에 미국으로 이민을 가서 미국 국적을 갖고 있는 차민수를 떠올렸다.

차민수는 중국기원과 관계를 터보라는 임무를 받고 특사로 파견되었다. 그때 만난 사람이 바로 천쭈더(陳祖德) 중국바둑협회 주석이었다. 결과적으로 이 만남은 교류를 불허하는 중국 정부의 완강한 지침 때문에 소득 없이 끝났다. 하지만 이때의 만남으로 차민수의 마음에 씨앗 하나가 심어졌다. 중국 바둑이 일어서도록 도와주어야겠다고 결심한 것이다. 이런 마음으로 얼마 후 그는 '한·중 최강자전'을 성사시켰다. 사비를 들여 중국 최고의 기사와 한국 최고의 기사를 미국으로 초대하여 대국을 치르게 한 것이다. 그때 초대된 중국 기사가 녜웨이핑이었고, 한국 기사가 바로 나였다. 이건 대단한 사건이었다. 국가 차원에서 할 수 없는 일을 한 명의 개인이 해낸 것이다. 그런데 그때 이미 차민수의 머릿속에는 더 큰 그림이 그려져 있었다.

"중국 바둑이 크게 성장해야 세계 바둑이 성장할 수 있다. 바둑이 지금보다 더 많은 사랑을 받으려면 중국 바둑이 커져야 한다."

당시에는 사실 한국 바둑도 발버둥 치던 시절이라 아무도 차민수의 말을 이해하지 못했다. 그저 돈이 많아서 저러나 보다 생각하는 사람이 많았다. 그리고 몇 년 후 그를 만났더니 중국에 상당히 큰 규모의 타이틀전을 만들려고 한다며 동분 서주하고 있었다. 직접 사재를 털어서 중국에 우승 상금 6만 위안 규모의 기전을 만들어주겠다는 것이었다. 이건 어마어 마한 일이었다. 당시 중국기전의 우승 상금은 5천 위안 안팎 이었고 많아야 1만 위안이었다. 그마저도 중국기원이 세금 명 목으로 90퍼센트를 떼어갔기 때문에 우승자가 손에 쥘 수 있 는 상금은 그야말로 쥐꼬리밖에 되지 않았다. 차민수는 중국 기원과 담판을 지었다. 주관료를 따로 줄 테니 기사들의 대국료 와 상금을 건드리지 말라고 요구한 것이다. 이 조건만 받아준다 면 아무런 대가 없이 우승 상금 6만 위안에 총상금 100만 위 안 규모의 기전을 중국에서 열겠다고 했다. 이러니 중국기원 은 동의할 수밖에 없었다. 그는 천쭈더 원장에게 이렇게 말했 다고 한다.

"중국 바둑이 살아나려면 프로 기사들이 큰돈을 버는 걸 보여줘야 합니다. 그래야 어린 천재들이 바둑으로 몰려올 것 입니다."

이렇게 만들어진 것이 바로 차민수의 '우정배(友情杯)'다. 우 리에게는 생소하지만 중국 바둑의 역사에서 우정배는 매우 의미가 깊다. 높아진 상금만큼이나 프로 기사들에게 직업에 대한 자부심을 안겨주었으며, 중국기원에게는 어떻게 해야 바둑을 발전시킬 수 있는지 눈을 뜨게 해주었다. 그 열기는 대단했다. 무려 140여 명의 기사들이 우정배로 몰려왔다. 물론 녜웨이핑, 마샤오춘(馬曉春), 류샤오광(劉小光) 등의 정상급 기사들도 참가했다. 차민수의 우정배는 1995년에 시작해서 1997년까지 3회 개최되었다. 나는 우정배 전야제에 손님으로 초청되곤 했는데, 갈 때마다 큰 감동을 받았다. 차민수는 정말 대단한 사람이다. 배포도 크지만 바둑에 대한 사랑도 지극하다. 아무 조건 없이 남을 위해 그렇게 많은 돈을 쓰면서 그토록 행복해하는 사람을 본 적이 없다.

우정배는 3년이라는 짧은 시간 동안 존재했지만 그 시기는 매우 중요했다. 우정배가 사라진 직후인 1998년에 우승 상금이 15만 달러에 이르는 춘란배가 창설되었고, 중국 내 기전들의 상금 규모도 껑충 뛰어올랐다. 바둑이 인기 종목이 되고 프로리그가 활성화되기 시작한 것도 바로 그때부터다. 우정배가 중국 바둑 역사에 짧지만 굵은 족적을 남긴 것이다.

이제 중국 바둑은 더 이상 우리가 도와주지 않아도 스스로 강력하다. 오히려 지금은 중국이 대규모 국제기전과 프로리그 운영으로 한국은 물론 세계 모든 바둑 기사들에게 큰 손 역할을 하고 있다. 중국 바둑이 거세게 성장하는 바람에 한국 바둑이 위축된 면도 있으나 나는 이 또한 바둑의 발전을 위해 필요한 과정이라고 생각한다. 차민수의 혜안대로 중국 바둑이 지금처럼 커지지 않았다면 우리 프로 기사들은 지금 더 큰 고민을 하고 있었을 것이다. 뭘 먹고 살아야 하나 손가락을 빨며 우울해하고 있었을지도 모른다.

나는 앞으로도 중국 바둑은 성장하리라 생각한다. 하지만 한국도 일본도 가만있지는 않을 것이다. 위기를 느끼기에 더 악착같이 노력하여 반격할 것이다. 어쩌면 전혀 예상하지 못했던 새로운 세력이 등장할 수도 있다. 어찌 알겠는가. 미국이나 러시아, 유럽, 혹은 북한에서 21세기를 뒤흔들 바둑 천재가 나올지도.

* 이 부분은 정확한 사실을 전하기 위해 허영섭 논설실장의 기사를 참조했다(〈차민수 4단, 다시 조명하는 그의 숨겨진 뒷이야기〉, 월간 《바둑》 558호~568호).

개방과 변화가 생존 전략이다

일본 대지진이 일어났던 2011년, 한국기원에 한 장의 공문이 도착했다. '24회를 끝으로 후지쯔배를 중단한다'는 일본기원의 통보였다. 그동안 소문이 무성했었지만 정말로 이런 일이 일어나자 마음이 착잡했다.

후지쯔배는 1988년 탄생한 최초의 국제기전이다. 바둑 최강국인 일본이 만들었고 후지쯔, 요미우리 등 탄탄한 기업이 후원하는 대회였기 때문에 그 권위는 대단했다. 특히 후지쯔배는 한국 바둑이 일본 바둑을 넘어설 수 있게 해준 실전 무대이기도 했다. 초기에는 일본이 우승 트로피를 가져갔으나 6회 이후로는 한국이 15번이나 우승을 했다. 나도 1994년과

2000년, 그리고 2001년까지 세 번 우승을 했다. 남다른 애정을 갖고 있는 대회가 중단된다는 소식을 들으니 마음이 심란했다.

후지쯔배의 중단은 일본이 침체하고 있다는 뜻이었다. 바둑의 침체뿐 아니라 일본 경제의 침체이기도 했으며, 일본의 국운이 쇠퇴하고 있다는 뜻이기도 했다. 야심차게 시작했던 도요타덴소배도 2009년 4회 대회를 끝으로 중단되었으니, 이제 일본은 단 하나의 국제대회도 개최하지 못하는 나라가 되어버리고 말았다. 더욱 안타까운 건 조치훈과 고바야시 고이치 이후로 일본 바둑을 일으켜줄 젊은 천재가 나타나지 않고 있다는 점이다. 일본 바둑을 배우기 위해 유학까지 다녀온 나로서는 격세지감을 느낄 수밖에 없다. 60년 전만 해도 일본 바둑이 최고라서 프로 기사라면 다들 일본으로 유학 가는 것이 꿈이었는데……. 이제 아무도 일본으로 가지 않는다. 그 사이 한국과 중국은 눈부시게 성장했고 일본은 정체되어 있다.

사실 이는 오래전부터 예견된 일이다. 이미 1990년대 중반부터 일본 바둑이 고립의 길을 걷고 있는 것이 빤히 보였기 때문이다. 세상은 급속도로 변하고 있는데 일본기원은 과거에만 머물러 있었다. 한국과 중국은 2~3시간도 길다며 한 시간 미만의 속기 바둑 대회를 만들고 선발 방식도 다양하게 바꾸고 있는데, 일본은 여전히 제한시간 8시간의 바둑을 두면서 전통과 권위를 내세웠다. 한국과 중국은 국내기전뿐 아니라 다양한 국제기전을 만드는 데 적극적인데, 일본은 국제기전에서 별 재미를 보지 못하자 아예 국내기전에만 매달리는 갑갑한 모습을 보였다.

국제기전을 만드는 게 부담스럽다면 차라리 일본의 3대 기전인 기성전, 명인전, 본인방전을 오픈 기전으로 전환해서 외국 기사들을 참여하게 하면 얼마나 좋을까. 일본 바둑이 아무리 예전 같지 않다고 해도 기성, 명인, 본인방전은 전통이 대단하고 상금도 세계대회를 상회하니 이것만 잘 활용해도 일본 바둑의 부흥을 꿈꿔볼 수 있을 것이었다. 나는 이런 내용의 글을 써서 일본의《바둑통신》에 기고도 하고 오픈만 하면 우리 기사들을 데리고 적극 참여하겠다는 말도 여러 번 전달했지만 일본 바둑계는 묵묵부답이었다.

나는 일본 바둑의 부진은 고립 때문이라고 생각한다. 바둑의 인기가 시들고 후원사도 떠나고 경제도 악화되는 등 여러 원인을 꼽을 수 있겠지만 문을 열고 변화를 받아들이려는 노력을 게을리 한 것이 가장 큰 이유 같다.

한국 바둑이 눈부시게 발전한 지난 시간을 돌아보면 우리는 정말 열심히 노력했다. 기사들 개개인도 노력했지만 한국

기원도 많은 노력을 기울였고 기업들도 열심히 도와주었다. 국내대회의 경우 기성전, 왕위전 등의 전통적인 대회가 폐지된 대신에 GS칼텍스배, 맥심커피배, 지지옥션배, KB국민은행 바둑리그, 바둑 TV배, 최고 기사 결정전 등이 만들어졌고 여자기성전, 여자국수전, 여자 최고 기사 결정전 등의 여성 바둑인 대회도 많이 생겼다.

새로 만들어진 대회들이 흥미진진한 스포츠 형식을 채택했다는 점에도 주목해야 한다. 맥심커피배는 제한시간이 불과 10분밖에 안 되는 초속기 대회이고, 지지옥션배는 여성 팀 대 남성 시니어(연장자) 팀이 승자연전(勝者連戰) 방식•으로 대결하는 10분의 초속기 대회다. 또 KB국민은행 바둑리그에서는 마치 프로야구처럼 지역별 팀이 리그로 승부를 겨룬다. 2023년에는 일본과 대만이 참가해 국제대회로 발돋움했다. 우리는 기존의 틀을 깨고 다양한 실험을 했다. 바둑 대회가 꼭 심각하고 정적일 필요는 없지 않은가. 스포츠처럼 박진감이 넘쳐서 관중들의 손에 땀을 쥐게 하는 그런 대회를 만들고 싶었다. 빠르게 진행되면서 더 많은 기사가 참여할 수 있고 더 많은 사람이 보면서 즐길 수 있는 아이디어를 계속 추가해갔다.

• 승자가 계속 다음 상대를 맞아 싸우는 방식.

그중 가장 획기적인 것이 국제 대회인 농심신라면배(구 진로SBS배)다. 이 대회는 한·중·일 3국의 국가대항전 형식을 띤다. 과거에 중·일 수퍼대항전이 있었지만 3국이 모두 모이는 대회는 이 대회가 처음인데다 승자연전 방식을 채택해 더욱 흥미진진하다. 각국에서 다섯 명씩 참가, 한 명씩 출전하여 두 개의 상대국을 교차하며 싸우는데, 이기면 계속 싸우고 지면 다음 선수가 바통을 이어받는다. 이러한 방식은 누가 첫 주자로 나서느냐, 마지막 주장을 누구로 내세울 것이냐의 전략에 따라 승패가 좌우된다. 1~4번의 주자가 잘 싸워준다면 마지막 주자인 주장은 돌 한 번 안 잡아보고 우승할 수 있고, 또 1~4번 주자가 다 패해도 주장이 나머지를 싹쓸이하면 우승할 수 있다. 팀 스포츠를 보는 듯한 묘미에 기사 개인별 역량까지 비교해볼 수 있어 흥미를 배가시킨다.

실제로 2회 진로배 때에는 서봉수가 4연승으로 쌓은 공을 요다 노리모토(依田紀基)가 5연승으로 눌러 피가 거꾸로 솟았다(하지만 내가 요다를 누르고 주장인 이창호가 다케미야를 눌러 결국 한국이 승리했다). 5회 때는 2번 주자인 서봉수가 파죽의 9연승을 올려서 세상을 경악하게 했다. 나머지 기사들은 검토실에서 구경만 하다 우승 트로피를 안고 웃으며 돌아왔다. 또한 늘 주장으로 참가했던 이창호는 6회 농심신라면배 때 무려

다섯 명이나 남은 중국과 일본의 주자들을 차례로 눌러 대한민국에 극적인 승리를 안겨주었다. 7회 때 마지막 한 명으로 남은 일본의 요다 노리모토가 조한승, 쿵제(孔杰), 이창호를 차례로 이기고 처음이자 마지막으로 일본의 승리를 이끌었던 것도 대단한 이변이었다. 2008년 9회 대회 때는 한국 주자가 세 명이나 남아 있는데도 중국의 창하오에게 모조리 격파당해 승리를 빼앗겼다.

농심신라면배를 통해 각국 바둑의 세대교체를 보는 것도 또 다른 즐거움이다. 이제 나, 서봉수, 이창호 등은 실력이 쇠해서 더 이상 이 대회에 참가하지 못한다. 이후 이세돌, 최철한, 김지석, 목진석, 박정환, 강동윤 등이 참가했고 최근엔 신진서, 신민준, 강동윤, 변상일 등이 나가 좋은 기량을 보여주고 있다. 아직까지는 중국에 밀리지 않고 팽팽하게 싸우고 있다.

"장벽을 허물고 누구나 공평하게 실력으로 겨루자!"라고 외치는 삼성화재배도 대단한 대회다. 이 대회는 말 그대로 연구생부터 아마추어, 프로에 이르기까지 누구나 참가할 수 있다. 본선 시드(seed, 토너먼트 대회에서 일정 수의 강한 선수를 미리 대진표의 특정 장소에 놓는 것) 배정자들을 제외하고 나머지는 모두 자발적으로 참여한다. 아무리 대단한 프로선수라 해도 시드 배정을 받지 못하면 통합예선을 치러야 한다. 게다가 모두 자비로 참가해야 한다는 원칙이 있다.

한때 세계 일인자였던 이세돌과 구리(古力) 9단도 시드 배정을 받지 못하면 이 대회에 참가하기 위해 직접 비행기표를 예매한다. 또한 본선에 오르지 못하면 대국료도 없다. 프로와 아마의 경계를 허물고 더 많은 사람에게 개방한 대신에 자비 참가를 원칙으로 하고 대국료를 폐지한 것이다. 대신에 상금은 더 높였다. 우승자는 3억 원, 준우승자는 1억 원을 가져간다. 이에 대한 바둑인들의 반응은 폭발적이다. 이제 아마, 프로, 고단, 저단, 내국인, 외국인의 구분은 무의미하다. 9단의 고수도 통합예선에서 만난 아마 최강자와 싸워 탈락할 수 있고, 단 한 푼도 챙기지 못할 수 있다. 무엇보다 아마들이 세계대회에 참가하여 쟁쟁한 프로들과 겨룰 수 있다는 건 대단한 경험이다. 중국, 일본의 기사들뿐 아니라 멀리 미국, 유럽의 기사들도 직접 경비를 마련해서 대회장을 찾아온다.

주최 측이 선정하는 와일드카드도 신선하다. 매년 깜짝 놀랄 왕년의 스타를 선정하여 본선에 출전시키는 것이다. 나도 2009년 와일드카드로 출전했고 녜웨이핑, 유창혁, 이창호, 조치훈, 창하오 등이 와일드카드로 출전한 적이 있다. 이 중 조치훈은 전혀 기대하지 않았는데 승승장구하여 결승전까지 올라가더니, 젊은 혈기의 박영훈 9단을 꺾고 우승까지 차지했다. 이처럼 삼성화재배에서는 매년 놀라운 일이 일어난다.

삼성화재배의 이런 방식이 반응을 얻자 그 뒤로 LG배, 몽백합배 등도 오픈제와 자비 출전제를 택했다. 일부에서는 불만의 목소리도 있지만, 자비 출전제는 점점 바둑계의 추세로 자리잡고 있다. 예전처럼 주최 측이 참가비와 대국료를 부담하는 방식은 후원사에 너무 많은 부담을 주어 대회의 축소나 폐지로 이어지기 때문이다. 바둑인들에게 더 많은 대국의 기회를 주기 위해서도, 지속적인 대회 개최를 위해서도 오픈제와 자비 출전제가 바람직하다고 생각한다.

더블일리미네이션도 삼성화재배에서 최초로 도입한 것이다. 그전까지 바둑대회는 한 판이라도 지면 더 이상 싸울 기회가 없었다. 하지만 삼성화재배는 2018년까지 32강전에서 두 판을 싸울 수 있는 기회를 줬다. 두 판을 다 이기면 다음 단계 진출, 두 판을 다 지면 탈락, 한 판을 지고 한 판을 이긴 사람은 그들끼리 다시 겨루어 진출과 탈락을 결정한다. 2019년에 전체 대회 시간을 대폭 축소하며 단판 승으로 변경되었지만 대진 운에 의해 억울하게 떨어지는 경우를 없애고 진짜 강자를 가린다는 점에서 바둑인들은 이 방식을 좋아했다.

중국 바둑이 강해지면서 본선에 진출하는 중국 기사가 압도적으로 많아졌고 우승 상금도 중국이 많이 가져가고 있다. 오픈제를 제한해야 하는 것 아니냐는 이야기도 나온다. 하지만 나는 그래서는 안 된다고 생각한다. 그것은 일본 기사들이 우승하지 못한다는 이유로 규모를 축소하고 결국은 중단해버린 후지쯔배나 도요타배의 전철을 그대로 밟는 것이 된다. 우리가 진다고 해서 문을 닫아버리면 중국도 우리에게 문을 닫을 것이다. 그것이야말로 한국 바둑이 자멸하는 길이다.

지금 세계 기전의 3분의 2를 중국이 열고 있다. 또한 중국의 갑조·을조 프로리그에는 한국 기사들이 대거 참여하고 있다. 중국 프로리그는 한국보다 크고 대우도 좋기 때문에 기사라면 누구나 가고 싶어 한다. 마치 야구 선수들이 미국 메이저리그 진출을 꿈꾸는 것처럼 요즘 한국 기사들은 중국 리그 행을 꿈꾼다.

현재 정상권 선수들은 거의 모두 갑조리그에 참가하고 있다. 프로리그에 대한 중국 대중의 관심도 높아서 현지에서 박정환, 김지석, 이세돌, 최철한 등의 인기는 연예인 못지않다. 또한 프로리그 덕분에 수입도 껑충 뛰었다. 중국 바둑 덕분에 전 세계 프로 기사들이 먹고산다 해도 과언이 아니다. 우리 바둑이 문을 닫는다면 그것은 이 넓은 중국 시장을 포기하는 것과 다름없다. 어느 분야든 한 단계 더 발전하려면 경쟁과 교류가 필요하다. 부족한 자는 더 배우기 위해서, 강한 자는 그 지위를 즐기고 그 힘을 나눠주고 미래의 경쟁자를 키워내기 위해서, 최대한 문을 열고 교류해야 한다.

나는 일본 바둑이 각고의 노력으로 다시 부활하게 되기를 진심으로 바란다. 일본 바둑의 침체는 바둑계 전체로 볼 때 엄청난 손실이다. 그 많은 인구와 그 넓은 시장이 제구실을 못하고 있으니 어마어마한 자원을 놓치고 있다. 지금이라도 3대 기전을 오픈제로 바꾸고 한국과 중국 기사들의 도전을 받아들였으면 좋겠다. 그렇게 하면 바둑 열풍이 되살아날 것이고, 잠자고 있던 바둑 인재들도 깨어날 것이다. 고바야시 고이치, 조치훈, 가토 마사오, 요다 노리모토, 다케미야 마사키 등 화려했던 일본 바둑의 계보를 잇는 대형 천재 기사가 꼭 다시 나타나주기를 간절히 바란다.

나누고 베푸는 것은 결코 한 방향이 아니다.

그것은 우리가 받은 혜택의 빚을 갚는 것이자

우리의 미래를 위한 투자이기도 하다.

8단

**무엇보다
사람을 남겨라**

어떤 유산을 남길 것인가

일본 유학을 마치고 한국에 돌아와 입대 날짜만 기다리고 있을 때, 친하게 지내는 기자 한 분이 다가와 조심스럽게 말을 꺼냈다.

"방금 일본에서 뉴스가 들어왔는데, 세고에 선생님이 돌아가셨대."

뭐라고? 아무 말도 나오지 않았다. 믿을 수가 없었다. 일본을 떠나온 지 불과 4개월. 여든이 넘은 연세라 기력이 약하긴 하셨어도 돌아가실 정도는 아니었다.

"어떻게…… 어쩌다…… 돌아가셨답니까?"

"놀라지 마라. 세고에 선생님은…… 자살하셨어."

머리가 멍했다. 순간적으로 현기증이 나 자리에 주저앉았다. 다음 날 일간지에 일제히 선생님의 자살 기사가 실렸다. 선생님은 스스로 목을 조이셨다. 시체는 정갈했고 유서 두 통이 발견되었다고 한다. 한 통은 며느리에게 쓴 유서로 "늙은 몸으로 더 이상 신세를 지기 싫어 먼저 떠나고자 한다"라고 적혀 있었다. 다른 한 통은 친구와 후배들 앞으로 된 유서로 "한국으로 떠난 조훈현을 꼭 일본으로 다시 데려와 대성시켜주기 바란다"라고 적혀 있었다.

당시 나는 군입대를 몇 주 앞두고 있어 일본으로 갈 수가 없었다. 바둑계에서 몇 분이 조문을 간다고 하기에 서둘러 며느님 앞으로 위로 조문을 써서 보내는 것 외에는 아무것도 할 수가 없었다. 그러고 나는 군대에 들어갔다. 고된 훈련소 생활은 선생님의 죽음에서 온 충격과 슬픔을 잊는 데 도움이 되었다. 사실 나는 실감할 수가 없었다. 일본 니시오기의 선생님 댁에 가면 여전히 기모노를 입은 선생님이 툇마루에 그림처럼 앉아서 나를 맞이해주실 것만 같았다. 그런데 약 두어 달 후, 성남의 비행장에 자대 배치를 받아 근무하고 있는데 편지가 도착했다. 세고에 선생님의 며느님이 보낸 편지였다.

"쿤켄, 며칠 전 벵케이가 세상을 떠났다. 네가 떠난 후부터 많이 우울해하더니 아버님이 가신 이후로는 아예 먹지를 않앉어. 사랑하던 두 주인이 사라지니 더 이상 살기 싫었나 봐. 너도 떠나고 아버님도 떠나고 이제 벵케이까지 떠나니 텅 빈 집을 지키기가 정말 힘들구나……."

그 순간 나는 무너지고 말았다. 벵케이의 죽음뿐 아니라 선생님의 죽음까지 한꺼번에 실감이 나면서 눈물이 왈칵 쏟아졌다. 벵케이는 내가 열여섯 살 때 세고에 선생님이 친구 삼으라며 구해다 주신 까만색 아키다 종 강아지였다. 처음 올 때는 3개월 된 아기 강아지였는데 하루가 다르게 부쩍 커서 진돗개만큼 덩치가 커졌다. 아침에 일어나면 마당에 쌓인 벵케이의 똥을 치우고 함께 마을을 한 바퀴 산책하는 것이 일과의 시작이었다. 충성심이 뛰어나서 늘 나를 졸졸 따라다니고 조금이라도 낯선 사람이 오면 컹컹 짖으며 나를 보호해주던 벵케이……. 보통은 10년 넘게 사는 종인데 그렇게 빨리 죽었다는 건 슬픔 때문이라고밖에는 설명할 수가 없었다.

벵케이의 죽음은 내게 다시 선생님의 죽음을 떠올리게 했다. 선생님의 죽음 역시 나를 잃은 슬픔이 가장 컸기 때문이었다. 내가 군대 문제 때문에 한국으로 돌아가게 되자 선생님은 크게 흔들리셨다. 지금까지 단 한 번도 흔들리는 모습을 보여주신 적이 없는데 그때는 거의 제정신이 아니셨다. 나를 보낼 수 없다며 한국기원과 병무청에 항의 편지를 쓰고 한국

정계에 인맥까지 알아보는 등 갖은 노력을 다하셨다. 하지만 이 모든 노력이 소용이 없자 그만큼 더 깊이 좌절하셨다.

마지막 인사를 드리던 아침, 나를 보내는 선생님의 눈빛은 그저 공허하기만 했다. 삶에 대한 아무런 희망이 없는 표정. 모든 것을 다 내려놓은 표정. 그것이 내가 기억하는 선생님의 마지막 얼굴이다. 선생님은 스스로 당신의 목을 졸라 죽는 방법을 택하셨다. 보통은 너무 고통스러워서 숨통이 끊기기 전에 손에 힘을 뺄 수밖에 없지만 선생님은 끝끝내 해내셨다. 선생님은 그런 분이었다. 뭐든 결정을 하면 망설임 없이 해내고 마는.

내가 떠난 후 선생님은 바깥 외출을 일절 하지 않고 외부와 단절한 채 살아가셨다고 한다. 상심이 너무 커서 밥도 거의 드시지 못하고 말도 거의 하지 않으셨다고 한다. 딱 한마디 메마른 목소리로 혼잣말을 하신 적이 있다고 한다.

"쿤켄이 돌아오려면 5년은 걸리겠지……."

5년은 기다리기에 너무 긴 시간이었다. 돌아오는 걸 볼 수 있을지 자신이 없으셨을 것이다. 그때 가와바타 야스나리 씨의 자살 사건이 터졌다. 노벨문학상 수상으로 인생의 정점에 있던 그가 난데없이 작업실에서 가스관을 입에 물고 자살을 했다. 이미 모든 희망을 놓아버린 선생님에게 절친한 친구의 자살이 기폭제가 되었을 것이다. 선생님은 그렇게 스스로 삶을 끝내셨다.

아이러니하게도 나는 선생님의 자살 소식을 듣고서야 당신이 나를 얼마나 사랑하셨는지를 사무치게 깨달았다. 제자는 스승의 마음을 모른다. 표현하지 못하고 안으로 삭이는 그 사랑을 어린 제자가 어찌 알겠는가.

나는 선생님의 자살을 옳다 그르다 판단하지 않는다. 내가 기억하는 건 오직 선생님의 '레거시(legacy, 유산)'다. 선생님이 나에게 남겨주신 유산, 바둑에 대한 사랑과 그 곧고 깊은 정신세계를 기억할 뿐이다.

선생님은 오직 바둑 하나에 일생을 바치셨다. 바둑을 위해서라면 국가도 민족도, 자신의 명예나 이익도 아무 상관이 없었다. 그래서 중국인인 우칭위안을 데려와 일본 바둑계를 뒤흔들어놓았고 한국인인 나를 세계 정상의 기사로 키워내셨다. 선생님은 학자나 예술가가 되었더라도 대성하셨을 것이다. 어려서부터 머리가 비상했고 바둑은 물론 공부도 무척 잘하셨다. 그림과 글씨도 수준급이어서 취미활동으로 꾸준히 하셨다. 일본에서는 선생님의 서예작품이 높은 가격에 거래되고 있다. 선생님은 바둑 최고의 가문인 본인방 가문에 들어갈 수 있었으나, 다른 가문에 들어가 본인방을 견제하는 것이 바둑 발전에 더 좋다는 생각으로 방엔사(方円社, 일본 발음은 호엔샤) 가문으로 들어가셨다. 이때가 1908년이었다.

선생님의 전적은 대단했다. 불과 몇 개월 만에 39판을 싸워서 30승 6패 미완(未完) 3국의 기록을 세웠다. 1910년에는 독설로 유명한 귀장(鬼將) 노사와 4단과 대국을 벌였다. 그때 노사와 4단이 "어딘지 자네 바둑은 촌스러워서 힘이 안 들어가는군" 하며 악담을 내뱉었다. 너무 분해서 뒷간에 가서 눈물을 줄줄 흘린 후, 다시 돌아와 더욱 바둑에 집중하여 그를 이겼다고 한다.

선생님의 대국 중 가장 유명한 건 마지막 세습 본인방인 슈사이 명인과의 두 차례 치수고치기 대국이다. 무려 11연승을 올리고 선(先)둘의 치수를 선까지 몰고 갔다고 한다. 치수고치기는 덤이 없던 시절에 사용한 방식으로 승수가 4판 차이가 나면 한 치수를 고치는 방식이다. 호선*에서 시작해서 4판 차이가 날 때마다 대등한 경기를 위해 진 사람에게 유리하게 치수를 고쳐서 놓는다. 선둘에서 선까지 갔다는 건 어마어마한 실력 차를 뜻한다. 이렇게 해서 3단의 실력을 인정받았는데, 마침 일본기원이 새로운 대국 규정을 발표하면서 여태까지의 성적이 원점으로 돌아가는 일이 발생했다. 그때 많은 기사들

* 흑돌과 백돌을 번갈아 놓는 방식.

이 반발하고 탈퇴했지만 선생님은 아무 말 없이 받아들이셨다. 시시비비를 가리는 것보다는 바둑계의 화합이 더 중요하다는 걸 몸소 보여주신 것이다.

이후 선생님은 후계자 양성에만 집중하셨다. 첫 제자인 하시모토 우타로는 선생님 못지않은 천재적인 바둑 실력과 뛰어난 인품으로 존경받은 사람이다. 일본기원 관서별관 소속이었던 하시모토는 일본기원의 일방적 처사에 반발하여 관서별관 소속의 기사들과 단합하여 '관서기원'을 창립했다. 이때부터 수십 년 동안 관서기원은 일본기원과 함께 일본 바둑계를 이끌어가는 양대 산맥이 되었다. 하시모토의 사망 후 세력이 약화되긴 했지만 2010년 대엔 십단전과 천원전(天元戰) 우승자인 유키 사토시(結城聰)와 2013년 아함동산배(阿含桐山杯) 우승자인 무라카와 다이스케(村川大介)가 관서기원을 이끌었다. 현재는 일본기원과 사이가 회복되어 재통합도 논의되고 있지만 일본 바둑계에 한 획을 그은 것은 분명하다.

선생님의 두 번째 제자는 우칭위안이다. 그 역시 바둑뿐 아니라 시대를 뛰어넘는 자유로운 정신과 리더십으로 바둑계에서 추앙받는 인물이다. 세고에 선생님은 우칭위안을 일본으로 데려오기 위해 갖은 노력을 다하셨다. 유학을 추진하면서 두 사람이 2년 동안 주고받은 편지가 무려 50통이 넘는다고 한다. 선생님은 당시 일본 총리이자 바둑 애호가였던 이누카이 쓰요시(犬養毅)에게 특별히 부탁하여 우칭위안의 일본 유학을 성사시켰다. 그때 이누카이 총리가 "그 아이가 일본에 와서 명인위를 탈취해간다면 어떻게 하시겠습니까?"라고 묻자 선생님은 이렇게 대답하셨다고 한다.

"그것이 바로 우칭위안이 해야 할 일입니다."

실제로 우칭위안은 세고에 선생님 밑에서 쑥쑥 자라 일본 천하를 평정했다. 열아홉 살 때 본인방 슈사이 명인과의 대국에서 신포석을 내놓은 것은 당대의 누구도 할 수 없는 당돌함과 도전의식을 말해준다. 우칭위안은 또 기타니 미노루와의 흉내바둑으로도 유명하다. 일본에 오자마자 거의 모든 기사를 이겼지만 기타니 미노루만큼은 이길 수 없었다. 그래서 생각해낸 것이 흉내바둑이었다. 기타니가 돌을 놓으면 정확히 대칭되는 지점에 똑같은 모양으로 돌을 놓는 방식이었다. 비겁하다는 소리를 들을 수도 있었지만 우칭위안은 개의치 않았다. 흉내를 내는 것이 목적이 아니라 어디까지 어떻게 전개될지 알아보자는 철저한 연구정신의 발로였기 때문이다. 흉내바둑은 62수까지 계속되었고 한순간 우칭위안이 앞서가기 시작했으나 중간에 실수를 범해 결국 기타니가 3집승을 거두었다.

이날의 대국은 두 사람을 형제처럼 가까워지게 만들었다. 두 사람은 머리를 맞대고 함께 신포석을 개발하여 《위기(圍棋)의 혁명 신포석법》을 발간했다. 이 책은 바둑계에 그야말로 혁명을 일으켰다. 이때가 기타니가 스물다섯, 우칭위안이 스물이니 두 사람 모두 어마어마한 천재라고 말하지 않을 수 없다. 그 후 우칭위안은 치수고치기 10번기로 기타니를 이겼고, 당대의 모든 고수들을 물리치고 일인자로 우뚝 섰다.

세고에 선생님은 우칭위안의 성공을 확인한 후 모든 것을 내려놓으셨다. 살던 집도 그에게 물려주고 당신은 작은 셋방을 얻어나가셨다. 그리고 20여년 후 나를 만나기 전까지 단 한 사람의 제자도 받지 않으셨다.

선생님의 유산은 이렇게 일본 바둑의 역사에 살아 흐르고 있다. 그의 정신적 유산을 물려받은 우칭위안은 중국인이라는 이유로 온갖 살해협박을 받으면서도 일인자의 위치에 올랐고 지금은 기성(棋聖)으로서 일본인에게 가장 존경받는 기사가 되었다. 또한 그는 세고에 선생님에게 받은 은혜를 다른 제자들에게 그대로 베풀었다. 대만인 린하이펑을 제자로 받아들여 일본 제일의 기사로 키워냈고 중국기원에서 버림받은 루이나이웨이를 거둬들인 것이다. 린하이펑 역시 일본의 명인, 본인방, 천원 등을 모두 휩쓸었다. 또 루이 9단은 한국기원으로 이적하여 2000년 나를 꺾고 한국 최초이자 세계 최초로 여성 국수가 되었다. 그때 루이 9단이 우승소식을 전하자 우칭위안은 "조훈현 씨에게 폐를 끼쳤군"이라고 말했다고 한다.

세고에 선생님의 레거시를 나는 어떻게 이어나가야 할까. 1984년 이창호를 만났을 때 나는 그것이 내게 찾아온 기회라고 생각했다. 너무 빨랐지만 놓치고 싶지 않았다. 나는 선생님이 나에게 하신 것처럼 아무 조건 없이 창호를 받아들였다. 수업료도 없었고 어떤 계약도 오고가지 않았다. 게다가 창호는 바둑에 대한 재능과 자세는 물론 인격까지도 모두 완성된 상태로 나에게 왔다. 축복이라고 생각했다. 그런데 열 살 때 들어온 그 꼬맹이가 열다섯에 나의 자리를 넘보는 호랑이로 성장할 줄은 꿈에도 몰랐다. 나는 생애 최고의 기쁨과 최악의 지옥을 동시에 맛봐야 하는 혼란을 겪었다.

만약 내가 당시보다 조금 더 나이가 많고 창호가 조금 더 늦게 성장했다면, 우리는 승부의 세계의 복잡 미묘한 감정에 휘말리지 않은 채 좀 더 편안한 사제관계로 남았을 것이다. 하지만 그건 창호도 나도 넘어야 할 시험이었다. 그때는 극복하기 힘들었고 그냥 견뎌냈을 뿐이다. 너무나 고통스러웠지만 창호도 나도 그 지옥 같은 터널을 무사히 빠져나왔다. 그리고 이제 이창호는 나의 자랑스러운 레거시가 되었다. 창호는 세고에 선생님에서 하시모토, 우칭위엔, 린하이펑, 그리고 나와 루이나이웨이로 내려오는 계보에서 단연 빛나는 존재다. 나는 창호 역시 우리가 물려받은 이 정신적 유산을 잘 계승해 줄 것이라 믿는다.

나는 아직도 선생님에게 받은 은혜를 다 갚지 못했다. 이제 승부의 세계에서 조금씩 물러나고 있는 만큼 내가 남길 레거시에 대해서도 고민을 하고 있다. 그것이 어떤 형태가 될지는 아직 모른다. 또 다른 제자를 키우는 것일 수도 있고, 바둑계를 위해 뭔가를 하는 것일 수도 있다. 하고자 한다고 되는 일이 아니라는 걸 안다. 나에게 또 다른 기회가 운명처럼 찾아오기를 간절히 기다린다.

뜨겁게 세상을 사랑하라

1977년 가을 어느 날, 후지사와 선생님께 연락이 왔다.

"쿤켄, 나 지금 김포공항에 있다. 어서 와서 나를 맞이해라."

깜짝 놀랐다. 아무 연락도 없이 공항이라니. 하지만 곧바로 빙그레 웃음이 지어졌다. 그래, 후지사와 선생님이라면 그러고도 남을 분이지!

공항에 가니 선생님이 술이 덜 깬 얼굴로 손을 흔들며 "쿤켄!" 하며 외쳤다. 후줄근한 셔츠와 바지 차림. 뒷주머니에 꽂혀 있는 산토리 맥주 한 병 외에는 짐이 아무것도 없었다. 선생님은 나를 와락 끌어안으며 좋아서 어쩔 줄을 모르셨다.

"선생님, 어떻게 여기까지 오셨어요?"

"너를 보러 왔지."

새벽까지 술을 먹다가 내가 보고 싶어서 그냥 무작정 첫 비행기를 타고 왔다는 것이었다.

"너 이 녀석, 바둑 공부 제대로 안 하고 있었으면 혼날 줄 알아!"

우리는 그대로 청계천의 서린호텔로 들어갔다. 그리고 호텔에서 한 발짝도 안 나오고 사흘 밤낮을 함께 보냈다. 몇몇 바둑계 인사들이 찾아와 인사를 나눈 것 외에는 거의 대부분 둘이서 바둑을 두고 기보를 보면서 시간을 보냈다. 후지사와 선생님은 그동안 쌓인 나의 대국 기보를 하나하나 들여다보셨다. 예전처럼 속기 바둑도 여러 판 두고 내가 질 때마다 어깨도 주물러드렸다.

물론 그 사흘 동안 선생님은 끝없이 술을 드셨다. 하지만 곤드레만드레 취해서도 쉬지 않고 기보를 분석하고 평가해주셨다. 옆에서 물만 마시는 나도 지칠 지경인데 작은 체구의 어디에서 그런 기력이 나오는지 알 수가 없었다.

떠나는 날에는 이런 말씀을 하셨다.

"네 바둑이 썩었으면 한마디 하려고 했는데 안 썩었으니 안심하고 돌아간다."

후지사와 슈코 선생님은 나의 실전 바둑 스승님이다. 나는 세고에 도장에 적을 두었지만 선생님이 운영하는 후지사와연구회에도 참여했다. 열두 살 아직 일본기원 연구생 시절이었을 때, 우연히 나와 만나 바둑 한 판을 두시더니 자신의 연구실로 초대를 하셨다. 그날 이후로 후지사와 선생님은 내게 제2의 스승님이 되었다.

선생님 주변에는 늘 뭉게구름처럼 많은 사람이 모여들었다. 오다케, 린하이펑, 고토 노리오 등이 있었고 나중에는 이시다 요시오, 가토 마사오, 고바야시 고이치, 조치훈도 합류했다. 우리는 시간만 나면 선생님의 연구회에 몰려가 바둑을 두었다. 선생님의 주머니 사정이 여의치 않아 연구실이 수시로 바뀌긴 했지만, 그때마다 우리는 바둑판과 사무실 집기를 옮겨가며 열심히 몰려다녔다.

후지사와 선생님은 일본은 물론 세계 바둑계 어디에도 없는 가장 독특한 바둑 기사일 것이다. 세고에 선생님이 바둑계의 도인이라면 후지사와 선생님은 기인(奇人)이 분명하다. 오죽하면 '괴물 슈코'라는 별명이 붙었을까. 선생님은 어린아이같은 천진함에 자유분방한 사고, 넘치는 끼와 사랑을 타고나신 분이었다. 엄청난 술고래에 후배를 사랑하는 만큼 여자도 사랑했고, 바둑을 사랑하는 만큼 노름도 사랑하셨다. 선생님은 모든 후배들을 친구처럼 대하셨다. 단 한 번도 권위의식을 내세운 적이 없다. 또한 점잖고 예의바르게 행동하는 일본인과는 달리 파격적인 행동도 서슴지 않으셨다.

한번은 면도날 기사인 사카타 에이오가 대중 앞에서 바둑 기보를 펼쳐놓고 해설을 하고 있었다. TV가 생방송으로 중계를 하고 있는데 갑자기 술에 취한 선생님이 단상 위로 올라가 해설봉을 빼앗았다. 그러고는 바둑판의 어느 지점을 가리키며 큰 소리로 외쳤다.

"우리가 사나이라면 이런 구멍이 있을 경우엔 마땅히 들여다보아야 합니다. 그리고 ××가 아니라 ○○라면 마땅히 구멍을 막아야지요!"

비슷한 기행을 덩샤오핑(鄧小平) 앞에서도 하셨다. 선생님은 80년대 연구회 멤버를 이끌고 자주 중국을 방문하셨다. 그때 덩샤오핑이 베풀어준 연회에서 술에 거나하게 취해서는 큰 소리로 떠들어대 연회가 중단되는 소동이 일어났다. 다른 사람이 이런 실수를 했다면 질타를 받았겠지만 이상하게도 선생님이 하면 그냥 코미디처럼 넘어갔다. 특유의 솔직함 때문에 당하는 사람도 전혀 기분이 나쁘지 않았던 것이다. 선생님은 이런 분이었다. 결점투성이인데도 사랑할 수밖에 없는 악동. 하지만 그 이상으로 더 큰 사랑을 나눠주는 분이었다.

선생님의 사랑 역시 국경이 없었다. 한국인인 나와 조치훈을 무척이나 아껴주셨고, 또 녜웨이핑을 비롯한 중국 기사들에게도 애정을 쏟으셨다. 조치훈은 후지사와 선생님의 공식 제자나 마찬가지인데 1980년대에 들어와서 두 사람이 큰 대회에서 종종 승부를 겨루었다. 그때 두 사람이 주고받은 선문답식 대화가 바둑사에 길이 남아 있다. 특히 1983년 후지사와 선생님의 7번째 기성전 방어에 도전자로 조치훈이 올라왔을 때, 선생님이 "딱 네 판만 가르쳐 주겠다"라고 말하자 조치훈이 "딱 세 판만 배우겠습니다"라고 말한 것은 유명한 일화다(기성전은 7판4승제다). 조치훈은 여기에다 "후지사와 선생님의 기성 타이틀이 오늘까지라고 생각하니 굉장히 마음이 아픕니다"라고 말하여 좌중을 웃기기도 했다(실제로 이때의 기성전에서 조치훈은 세 판을 연속으로 진 후 네 판을 연속으로 이겨서 기성에 올랐다).

1989년에는 선생님과 내가 나란히 잉창치배에 출전하여 함께 4강에 올랐다. 그때 4강이 나와 선생님, 그리고 녜웨이핑과 린하이펑이었다. 그렇다 보니 이건 후지사와 선생님의 군단이나 마찬가지였다. 예순이 넘은 고령의 몸으로 바둑올림픽 4강에 오른 것도 대단한데 더 대단한 건 선생님의 여유와 배짱이었다. 4강전이 벌어지기 전에 선생님은 이렇게 말씀하셨다.

"조훈현이 세계 최강이다. 우승은 그의 몫이다. 아마도 나와 결승전에서 만나지 않을까 싶다."

나를 띄워주면서 은근히 본인까지 띄운 재치 있는 발언이
었다.

선생님은 이창호가 나의 제자라는 이유로 창호까지 사랑
하셨다. 제자의 제자이니 당신에게는 손제자(孫弟子)가 된다
는 것이었다. 1994년 이창호가 진로배에서 한국팀 우승을 이
끌었을 때 후지사와 선생님은 창호에게 친히 편지를 보내셨
다. "축하한다"라는 말로 시작하는 이 편지에는 선생님의 바
둑에 대한 철학과 함께 세계 일인자에 대한 당부의 말, 이창
호에 대한 애정이 듬뿍 담겨 있었다.

"나는 소년 시절의 조훈현 군을 보고 '세계 제일의 재능일
지 모른다'고 매우 감탄했었지. 자네가 조훈현을 이기는 것은
역류할 수 없는 시대의 흐름인 것이지만 어쩐지 쓸쓸한 기분
이 들어. 어쨌든 그런저런 이유로 자네와 한번 싸워보고 싶었
는데, 마침 지난 4월 후지쯔배에서 그 바람이 실현되었지. 결
과는 내가 졌지만 자네의 바둑 됨됨이는 내키지 않았어. 그
내용이 내 마음에 들지 않았기 때문이야. 여기에 자네가 풀
어야 할 과제가 있는 것 같아. 지금대로라면 뭐랄까, '정감 없
는 바둑'이라고 말하고 싶네. 마음을 움직이는 감동이 적어.
바둑은 승부를 내는 동시에 음악이나 회화와 같이 개성을 표

무엇보다 사람을 남겨라　　　　　　　　　　　　　　275

현하는 엄연한 예술이야. 예술이라면 우리들이 보고 감동하는 독특하고 창조적인 차원의 세계가 무르녹아 있어야 해. 오직 이기기 위한 승부에 앞서서 자기표현에 충실한 바둑을 생각해야 해. 자네는 넘버원이니까 이제 그러한 임무가 있다고 생각해."

그러면서 "나도 일본의 젊은 기사들이 자네에게 대항할 수 있도록 엄하게 단련시킬 것이니 자네도 열심히 노력하라"라는 말로 끝을 맺었다. 이창호도 이 편지가 무척 감동적이었는지 자신의 자서전인 《부득탐승》에 전문을 공개했다. 후지사와 선생님의 말씀대로 노력하겠다는 의미였을 것이다.

후지사와 선생님에게 '괴물'이라는 칭호가 붙은 건 무엇보다도 불굴의 의지 때문이다. 선생님은 자유분방한 사고대로 자유분방한 삶을 사셨다. 평생을 알코올에 의존하며 살았고, 여자도 많았고, 경륜과 경마로 빚까지 져서 재산을 탕진하기도 했다. 하지만 그때마다 선생님은 불굴의 정신으로 일어나셨다. 제2회 기성전을 치를 때에는 빚 때문에 사면초가에 몰린 상태였다. 선생님은 목을 매달기 좋은 나무를 찾은 다음 대국장으로 향하셨다. 그리고는 무려 2시간 57분의 장고 끝에 둔 수로 대마를 잡으며 2승을 올렸다. 그 후 내리 두 번을 더 이겨 그해 기성전 방어에 성공했고, 계속해서 기성전 6연패를 달성하여 남은 빚을 모조리 갚을 수 있었다.

선생님은 건강도 좋지 않으셨다. 50대 후반에 위암에 걸려 절제수술을 받았고 그 후로도 악성 림프종, 전립선암 등 세 번이나 병마와 맞닥뜨렸다. 그럼에도 선생님은 왕성하게 후배들을 가르쳤고, 술을 마시고 여러 명의 아내를 거느리며 사셨다. 1992년에는 예순일곱의 나이로 왕좌전을 획득하셨으니, 일본에서는 앞으로도 깨지기 힘든 최고령 타이틀 기록일 것이다.

선생님은 2009년에 폐렴으로 돌아가셨다. 죽기 한 달 전까지도 '오는 사람은 누구나 환영받는' 바둑연구회를 계속하셨다. 장례식에는 선생님의 죽음을 안타까워하는 한·중·일의 제자들이 구름떼처럼 몰려와서 눈물을 흘렸다. 우리는 모두 선생님의 호방하던 모습을 떠올렸다. 돈을 펑펑 쓰고, 도박이란 도박은 다 해보고, 부탁받은 일은 무조건 들어주고, 재능 있는 후배들을 가슴 깊이 안아주고, 기분 내키면 한없이 술을 들고, 취해서 집을 찾기 힘들면 길거리든 지하철이든 아무 데서나 주무셨던 후지사와 슈코 선생님······.

원래 선생님의 이름은 후지사와 히데유키(藤沢秀行)다. 그런데 제자들 사이에 선생님의 이름을 히데유키가 아니라 슈코(秀行)라고 발음하는 사람이 늘어났다. 원래 '슈(秀)'자는 본인방 가문의 후계자에게만 쓰는 돌림자이기 때문에 함부로 사용하면 안 된다. 하지만 제자들은 선생님을 존경하고 사랑하는 마음으로 '슈코'라고 부르기 시작했고 결국 일본기원도 '후지사와 슈코'를 공식 이름으로 인정하게 되었다.

선생님을 떠올리면 나는 아직도 한 사람이 어떻게 그 많은 사랑을 베풀 수 있었을까 감탄하게 된다. 선생님의 가슴 속에는 나뿐 아니라 수백 명의 제자가 있었다. 그 많은 사람에게 모두 똑같이 넘치는 사랑을 베푸셨다. 세상은 선생님을 가장 파란만장한 인생을 산 바둑 기사로 기억하지만, 나는 선생님을 가장 뜨겁게 세상을 사랑했던 한 사나이로 기억한다.

나의 가슴은 몇 명이나 품을 수 있을까. 아무리 노력해도 선생님을 따라갈 수는 없을 것 같다.

＊　이 부분은 정확한 사실을 전하기 위해 양형모 바둑칼럼니스트의 기사(〈괴물 후지사와 슈코〉,《농민일보》, 2012. 5. 14.), 백우영 기자의 기사(〈후지사와 슈코를 기리며〉, 월간《바둑》503호)와 이창호의《부득탐승》(이창호, 라이프맵)을 참조했다.

오직 이기기 위한 승부에 앞서서

자기표현에 충실한 수를 생각해야 한다.

9단

세월을 이기려거든
일단 걸어라

나쁜 것을 몸에 집어넣지 마라

오래전 나는 지독한 골초였다. 하루에 네댓 갑을 피워댔으니 거의 입에서 담배가 떨어진 순간이 없던 셈이다. 내가 피웠던 담배는 요즘 사람들은 잘 모르는 '장미'였다. 값도 싸고 슬림형이라 그나마 순하다고 해서 피웠는데, 그렇게 많이 피워댔으니 몸에 좋았을 리가 없다.

지금은 분위기가 다르지만 예전에는 바둑 기사가 된다는 건 흡연가가 된다는 것과 같은 뜻이었다. 바둑을 하는 사람 치고 담배를 안 피우는 사람이 없었다. 내가 언제 어떻게 바둑알을 잡게 되었는지는 잘 기억나지 않지만 늘 담배 연기 속에 있었다는 것만큼은 기억이 난다. 아버지가 바둑을 두셨던

2층은 온통 연기로 자욱했다. 또 아버지가 데려가주신 목포의 기원 역시 들어가면서부터 쾨쾨한 담배 냄새가 진동을 했다. 그곳에서 나는 꼬맹이 바둑 기사로 어른들의 담배 심부름을 도맡아 했다. 어린 시절부터 그렇게 담배 연기를 마시며 컸으니 성인이 되자마자 담배에 손을 뻗은 건 거스를 수 없는 운명이었는지도 모르겠다.

보통 아내들은 남편이 담배를 많이 피우면 걱정을 하고 잔소리를 늘어놓겠지만 나의 아내에겐 그럴 자유도 없었다. 프로 기사는 당연히 담배를 피워야 하니 그냥 받아들여야 할 뿐이었다. 대국이 계속되는 기간에는 초조한 만큼 더 심하게 담배를 피워댔다. 다섯 갑, 아니 예닐곱 갑을 피운 적도 있을 것이다. 그럴 때면 아내는 창문을 열고 환기를 시키고는 재떨이를 비워다 주었다. 아마 하루에도 여러 번을 들락거렸을 것이다. 아내는 담배를 줄이라는 잔소리 대신에 장미 1만 개비 박스를 수십 개 주문해서 지하창고에 산더미처럼 쌓아두었다.

이렇게 아주 당연하게 담배를 피워댔지만 가끔 이대로 괜찮을까 생각한 적은 있었다. 꼭 중요한 대국을 앞두고 있을 때 편도선이 붓고 감기기운이 찾아왔던 것이다. 혹시 담배 때문이 아닐까. 이런 생각을 여러 번 했지만 그렇다고 담배를 끊을 생각은 하지 못했다. 이미 한 몸이 되어버린 것을 어떻게 떼어낼 수 있겠는가. 그런데 기회가 왔다. 1990년대 중반 차민수를 만나러 미국 여행을 갔을 때였다. 공항으로 마중 나온 그와 반갑게 인사를 했다. 차에 올라타서 담배에 불을 붙이려는데 그가 정색을 했다.

"내 차는 금연구역이야!"

비행기를 타고 오면서도 계속 담배를 참았는데 친구 앞에서도 참아야 한다니 부아가 솟았다.

그런데 그걸로 끝이 아니었다. 미국은 어딜 가도 '노 스모킹(No Smoking)' 사인이 붙어 있었다. 레스토랑, 쇼핑몰, 은행, 주유소, 심지어 주차장에서 담배를 피우는데도 사람들이 눈살을 찌푸렸다. 근처에 아이들이라도 있으면 무슨 큰 범죄자라도 보듯이 눈을 동그랗게 뜨고 쳐다보았다.

"도대체 어디서 담배를 피우라는 거야?"

내가 화를 내자 차민수가 말했다.

"피우지 않으면 되잖아!"

그 순간 나는 주머니 속의 담뱃갑을 구겨 쓰레기통에 던졌다.

"더러워서 끊고 만다!"

나의 금연은 바로 그 순간부터 시작되었다. 미국 여행에서 돌아왔을 때 이미 나는 절반쯤 금연에 성공한 상태였다. 아내는 신이 났다. 지하에 쌓인 그 많은 장미를 버려야 했지만 전혀 아깝지 않았을 것이다. 담배 냄새로부터 해방된 아이들의 기쁨은 두말할 것도 없었다.

그런데 그때부터 조금씩 이상한 일들이 일어났다. 밥이 맛있어졌다. 나는 원래 늘 식욕이 없어서 평생을 밥 한 공기를 비우지 못하는 걸 당연하게 여겼는데 한 공기를 다 먹고도 또 먹고 싶어진 것이다. 밥뿐만 아니다. 평생 군것질을 해본 적이 없었는데 자꾸 뭔가가 먹고 싶었다. 아내가 마른 멸치를 내주었는데 너무 맛있어서 한 접시를 다 먹고 말았다. 아이들이 먹는 과자 같은 것을 주었는데 그것도 다 먹어치웠다. 내가 이렇게 식욕이 좋아지자 아내는 열심히 간식거리를 만들어주었다. 약과, 유과, 강정, 엿, 식혜, 수정과…… 아내의 음식 솜씨가 좋다는 걸 그제야 알았다.

낯빛도 좋아졌다. 원래 내 모습은 피골이 상접할 정도로 마른 체구에 광대가 두드러지는 메마르고 까만 얼굴이었는데, 담배를 끊고 난 후부터 살이 점점 오르더니 얼굴 윤곽이 부드러워지고 피부도 하얘졌다. 서울에 올라가 보고 깜짝 놀랐다. 순식간에 10킬로그램이 불어난 것이다. 이렇게 달라진 모습으로 대국장에 나타나니 바둑계가 시끄러웠다. 조훈현이 담배를 끊다니! 조훈현 하면 담배이고 담배 하면 조훈현이 아니었던가. 대국 중에 줄기차게 장미를 피우던 내 모습이 사라지자 여러 가지 말들이 나왔다. 마침 그때가 내가 창호에게 어렵게 다시 찾아온 국수위를 잃은 시기와 맞물렸기 때문에 남들에게는 나의 금연이 마치 비장한 각오처럼 비춰지는 모양이었다. "승부사의 독한 결심", "금연으로 심기일전" 등으로 몇몇 신문의 헤드라인을 장식하기도 했다. 뭐, 그렇게 생각할 수도 있겠거니 하고 넘어갔다.

그런데 실질적으로 금연이 바둑에 굉장히 도움이 되었다. 체력이 훨씬 좋아진 것이다. 예전에는 대국 중에 목과 어깨, 허리가 아파서 의자에 기대지 않으면 버틸 수 없었고 중반을 넘어서면 집중력이 흐트러지곤 했었는데, 금연하고 살이 찌면서 한결 편해진 걸 느낄 수 있었다. 체력의 저하는 나이 탓만이 아니었다. 내가 몸속에 나쁜 걸 계속 넣었기 때문에 몸이 힘들었던 것이다. 20년 동안 몸속에 축적된 독소가 사라지자 몸이 가벼워지고 집중력이 좋아지고 마음의 여유까지 생겼다. 패배에서 오는 아픔도 한결 수월하게 흘려보낼 수 있었다.

이처럼 나의 금연은 우연에서 시작되었지만 건강에도, 바둑에도, 정신적인 면에서도 두루 도움이 되었다. 또한 금연은 시대적 요구이기도 했다. 얼마 뒤부터 바둑계 내부에서도 대국 중 흡연을 삼가자는 쪽으로 분위기가 기울었다. 특히 입단 연령이 점점 낮아졌기 때문에 어린아이나 청소년들 앞에서 담배를 피우는 건 아무리 고단자라 해도 매너에 어긋난다는 주장에 힘이 실렸다. 한동안은 예선전을 흡연실과 금연실로 나눠서 치르기도 했는데, 둘 다 흡연자이거나 둘 다 비흡연자일 때는 상관이 없지만 그렇지 않을 때에는 어느 한쪽이 곤란을 겪어야 했다. 즉 흡연실로 끌려간 비흡연자는 담배 연기로 질식할 것만 같은 상태로 대국을 치러야 했고, 금연실로 끌려간 흡연자는 담배가 피우고 싶어서 몸이 안달이 났다. 가끔 복도에 나와 헐레벌떡 니코틴을 흡수하고 대국실로 들어가는 사람들을 볼 때면 나는 이런 날이 오기 전에 미리 담배를 끊어서 천만다행이라는 생각이 들었다.

한국기원은 1999년부터 대국장 완전 금연제를 실시했다. 이제 30~40년 골초인 원로 기사들도 대국장에서 담배를 피우지 않는다. 애연가로 소문난 이세돌도 정 못 참을 지경이 되면 복도에 나와 재빨리 몇 모금 피우고는 대국을 하러 들어간다. 지역의 모든 기원도 이제 흡연실을 따로 두고 있다. 담배 연기 자욱한 기원의 풍경은 이제 추억으로만 회상할 뿐이다. 가끔 우연히 담배 냄새를 맡으면 옛 추억이 와르르 쏟아지면서 그리운 마음이 들기도 한다. 하지만 그것은 그저 다시 못 올 시간에 대한 그리움일 뿐 담배는 그립지 않다.

오히려 그 독한 걸 어떻게 20년씩이나 몸속에 쏟아부었을까 생각하며 고개를 젓는다. 담배를 끊은 후 나는 곧바로 엄청난 대국수를 소화해냈고 무관이었던 신분에서 기왕, 패왕, BC카드배를 다시 쟁취했다. 사람들은 담배를 끊을 정도로 심기일전한 덕분이라고 했다. 하지만 나는 그보다 담배를 끊고 더 건강해진 나의 몸과 정신 덕분이 아니었을까 생각한다.

젊음도 노년도 온몸으로 누려라

마흔다섯이 넘어서도 그럭저럭 젊은 기사들과 겨룰 만한 체력을 가지고 있었는데 2001년 왕위전에서 한계에 달했다. 초반에는 5연승으로 잘 달렸다. 그러다 서봉수 9단과의 대국에서 5집반의 덤을 6집반으로 착각하는 바람에 반집패를 당했다. 대회마다 덤 기준이 다른 법인데 제대로 챙겨보지 않은 내 불찰이었다. 이 때문에 동률 재대국에 걸려 여러 판을 더 싸워야 했고, 또 여기에 후지쯔배 예선전까지 겹쳐서 열흘 동안 무려 여섯 판을 두어야 했다. 어찌어찌하여 겨우 왕위전 도전권을 손에 넣었는데, 이미 내 체력은 바닥이 나버린 상태였다. 결국 나는 해남에서 열리는 결승 1국에 가지 못했다.

고열에 탈진까지 겹쳐 도저히 일어날 수가 없었다. 아마 한국 바둑 역사상 도전기 기권패는 그때가 처음이었을 것이다. 타이틀 방어자였던 창호도 황당했을 것이다.

며칠 후 다시 일어났지만 무리가 간 몸은 쉽게 회복되지 않았다. 2국에서 나는 창호에게 불계패했다. 그리고 며칠 후의 3국에서도 역시 불계패. 그것도 75수 만에. 도전기 사상 가장 적은 수순 만에 패한 기록일 것이다. 이런 일은 이후로도 계속되었다. 2002년 LG배 때였다. 나와 유창혁 9단이 결승을 치르고 있었는데, 중간에 유창혁 9단이 일본 원정을 다녀온 탓에 체력이 바닥이 났는지 힘 한 번 써보지 못하고 돌을 던졌다. 유창혁 9단도 마흔이 가까워지니 약해지는구나 생각했는데, 다음 날부터는 내가 독감에 걸려 죽을 맛이 되었다. 결국 마지막 4, 5국을 연이어 내주어 준우승에 머물고 말았다.

나이가 든다는 게 이런 거구나……. 젊을 적에는 죽자 살자 담배를 피우면서도 살인적인 대국 스케줄을 다 소화해냈는데 이제 조금만 무리를 하면 드러눕게 된다. 뿐만 아니다. 예전 같으면 전혀 하지 않았을 실수도 자꾸만 한다. 반격한다고 놓은 수가 알고 보니 착각이기도 하고, 집 계산을 잘못해서 대국이 끝나고 나서야 졌다는 걸 깨닫기도 한다. 예전 같으면 머릿속에서 그림처럼 또렷하게 보였을 수순이 자꾸 엉키고 꼬여서 헛발질을 하기도 한다.

바둑에서 실수는 결정적이다. 단 하나의 실수가 경기의 국면을 완전히 뒤집어버린다. 바둑은 실력의 차이보다도 실수를 하느냐 하지 않느냐의 차이에 의해 승패가 결정된다. 젊은 기사들은 초집중하여 실수를 줄이는데 비해 나이가 들면 체력과 집중력이 떨어지니 말도 안 되는 실수가 자꾸 나온다.

한동안은 이렇게 실수를 하면서 한편으로는 좋은 성적도 거두었기 때문에 별로 표가 나지 않았다. 2001년 나는 왕위 도전기에서 허무하게 실패했지만 불과 일주일 후에 후지쯔배에서 우승했다. 2002년에는 유창혁 9단에게 LG배를 내주었지만 KT배 왕위전, 삼성화재배에서 우승을 했다. 2003년에도 왕위전과 기성전 준우승까지 올라갔으니 남들은 오십 줄이 되어서도 후배들에게 밀리지 않는 기력을 보여준다며 칭찬을 해주었다.

하지만 나라고 세월의 흐름을 어떻게 비켜갈 수 있겠는가. 이후로 나의 전력은 점점 내리막길을 걸었다. 국제전은 물론 국내 기전에서도 더 이상 내 이름이 거론되지 않게 되었다. 바둑 뉴스에서 조훈현의 이름을 보기 힘들어지니 내가 은퇴를 했다고 생각하는 사람도 많았다. 하지만 사실 나는 그 힘난한 토너먼트의 사다리를 올라가지 못한 것일 뿐, 밑바닥에서 여전히 열심히 바둑을 두고 있었다.

세월이란 참으로 묘하다. 단 한 끗의 실력 차이를 두고 신경을 곤두세우며 싸웠던 게 엊그제 같은데 이제 그 모든 것이 소용이 없어졌다. 어느 순간부터는 젊음이 최고의 가치가 된다. 내가 쌓은 모든 경험과 관록도 젊은 기사의 힘과 패기 앞에서는 그저 무기력할 뿐이다. 젊음이 모든 걸 이긴다. 그래서 젊음이 가장 무섭다.

나는 이것이 인생의 순리이자 자연의 법칙이 아닐까 생각한다. 어떤 일인자라도 결국에는 더 젊고 강한 사람에 의해 왕좌에서 내려와야 한다. 조남철 선생은 김인 9단에게 모든 왕위를 물려주어야 했다. 면도날 기사인 사카타 에이오 9단은 후배 린하이펑에게 명인과 본인방 타이틀을 빼앗겼다. 그날 밤 사카타는 술잔을 기울이며 이렇게 탄식했다고 한다.

"나이 마흔에 바둑을 좀 알게 되었다고 생각했는데 그 순간이 끝이었다. 바둑은 슬픈 드라마다."

이 슬픈 드라마는 때마다 반복된다. 후지사와 선생님은 조치훈에게 기성을 물려주어야 했고, 조치훈은 왕리청(王立誠)에게 왕좌와 기성을 내놓아야 했다. 나는 창호에게 모든 타이틀을 빼앗겼고, 창호는 또 이세돌에게 빼앗겼다. 이세돌은 박정환에게, 그는 다시 신진서에게 자리를 내줬다.

중국 언론에게 '신산(神算)'이라는 칭호를 들었던 이창호가 젊은 후배들 앞에서 차례로 돌을 던지게 될 줄 누가 알았을까. 창호는 2009년 춘란배 우승과 후지쯔배 준우승으로 건재함을 과시했고 2010년에도 십단전 준우승, LG배 준우승, KBS바둑왕전 우승, 국수전 우승 등으로 역시 이창호라는 말을 들었었다.

많은 사람이 세월이 야속하다고 말한다. 나도 좀 슬프다고 생각했다. 하지만 이건 그저 봄, 여름, 가을, 겨울 사계절이 바뀌는 것처럼 자연스러운 현상일 뿐이다. 겨울이 봄에게 자리를 내주듯이 지는 태양은 떠오르는 뜨거운 태양에게 하늘을 내주어야 한다. 억울할 것도 없다. 누구나 그 불타는 젊음을 가져본 적이 있지 않은가. 이미 실컷 가져보고 누려보았으니 부러워할 이유가 없다. 지금 젊음이 최고조에 이른 사람도 언젠가는 그 자랑스러운 젊음을 잃어버리게 된다.

또한 젊음이 사라진 자리에 예전에는 없던 많은 것이 찾아온다. 이기고 싶다, 이겨야 한다는 중압감에서 벗어나 좀 더 편안하게 바둑을 둘 수 있다. 언제든 질 수 있다는 걸 받아들이는 순간 가슴을 옥죄던 속박에서 벗어나게 된다. 승부의 세계에서 오랜 시간 투쟁해본 사람이라면 무슨 소리인지 잘 알 것이다. 승리는 그동안 나를 버티게 해준 자부심이자 내 정체성의 일부였지만, 동시에 그것은 노예의 굴레와도 같았다. 계속 이기지 않으면 안 된다는 두려움 속에서 수십 년을 살아간다는 건 굉장한 고문이다. 그래서 신은 자연의 섭리로 세월이라는 걸 만들어 그 오랜 고문에 종지부를 찍어준다. 슬퍼할 일이 아니다. 드디어 해방이 되는 것이니 기뻐해야 한다.

어쩌면 창호도 그런 섭리를 깨닫지 않았나 싶다. 창호는 나와의 관계 때문에 이겨도 한껏 기뻐할 수 없는 묘한 상황에 십수 년을 시달렸다. 나는 창호가 이겨서 기뻐하는 모습을 단 한 번도 본 적이 없다. 항상 미안해하고 힘들어했다. 농심신라면배에서 파죽의 5연승을 거둘 때조차도 창호는 스스로에 대해 자랑스러워하기보다 그저 자기 때문에 지지 않은 것에 안도하는 표정이었다.

이제 창호는 이 모든 것에서 자유롭다. 해방이 되었다. 아마도 그래서 연애도 할 수 있었고 결혼도 할 수 있었을 것이다. 게다가 이제 더 이상 나처럼 나이 많은 사람들과 싸울 필요도 없으니 그것도 해방이다. 이제 20~30대 젊은 기사들과 겨루면서 이기면 활짝 웃어도 보고 지면 한탄도 하면서 제 나이에 맞게 그렇게 살 수 있게 되었다.

나도 이제 내 나이에 맞게 산다. 여느 나이 든 노인처럼 동네 한 바퀴 어슬렁 산책도 하고 정원에 물도 주고 어린 손주들의 사진을 보며 즐거워한다. 촘촘했던 대국 일정이 헐렁해진 대신에 그동안 놓치고 살았던 바둑판 밖의 일상들을 불러들일 수 있다.

물론 그렇다고 승부사로서의 인생을 아예 포기한 것은 아니다. 아마도 살아있는 한 그것만큼은 영원히 포기 못할 것이다. 승부의 세계에서 나이와 체력은 핑계가 될 수 없다. 나이 때문에 체력 때문에 질 수밖에 없다고 인정해버리는 순간 승부사로서의 인생은 끝난다. 더 열심히 건강을 관리하고 더 지독하게 집중하는 훈련을 한다면 이기는 건 언제나 가능하다. 큰 차이가 아니라 그저 반집 차이로 승부가 나기 때문이다.

후지사와 선생님은 1981년 56세의 나이로 기성전 5연패를 이룬 후 인터뷰에서 이런 말을 하셨다.

"나의 두뇌는 50살이 넘어 더 명민해졌다. 판을 짜는 안목은 바다처럼 넓어졌고, 수를 읽는 능력은 계산기처럼 정교해졌다. 두고 봐라. 내 지적 능력은 앞으로도 황야를 달리는 들소처럼 거침없이 발전할 것이다."

실제로 후지사와 선생님은 1982년까지 기성전 6연패를 달성했고, 1989년에는 나와 함께 잉창치배 4강에 올랐는가 하면 1992년에는 67세의 나이에 왕좌전을 획득했다. 1993년 왕좌 타이틀 이후로 바둑계에서 잊혔던 가토 마사오도 2002년 55세의 나이에 본인방 타이틀을 따면서 화려하게 돌아왔다. 그가 제친 기사들은 당시 25세였던 야마시타 게이(山下敬吾)고, 27세의 하네 나오키(羽根直樹), 37세의 요다 노리모토, 23세의 장쉬(張栩) 등 모두 그보다 훨씬 젊은 기사들이었다. 젊음이 가장 무서운 상대이긴 하지만 그렇다고 이기지 못하리란 법은 없다는 걸 증명한 것이다.

따라서 젊은이는 젊음이라는 자신의 능력을 최대한 발휘하되 그것을 과신하지 말며 겸손해야 한다. 젊음은 축복이다. 그것만으로도 젊은이들은 대단한 존재다. 그러나 그 축복은 결코 영원하지 않다. 그래서 덧없기도 하다. 큰 야심을 품고 의지를 불태우고 꿈의 꼭대기에 오르기 위해 죽도록 노력하되, 좋은 음식을 먹고 꾸준히 운동을 하고 몸과 마음이 편안한 상태를 유지하는 데에도 힘을 기울여야 한다.

그리하여 젊음이 다 지나간 후에도 건강하고 유쾌하게 늙어갈 수 있어야 한다. 더욱 노력해서 가끔 젊음을 이길 수 있다면 그 역시 삶의 큰 기쁨이 될 것이다. 물론 이기지 못한다고 해도 노력하는 그 자체를 즐겨야 한다.

2009년 나는 제1회 BC카드배 월드바둑 챔피언십에 와일드카드로 출전해서 4강까지 올라갔다. 국제대회에서는 2002년

KT배 왕위전과 삼성화재배에서 우승한 후 7년 만의 본선 진출이었다. 4강전에서 중국의 구리 9단을 만나 반집으로 패하긴 했지만 오랜만에 현장에서 승부의 살얼음을 걸어보는 짜릿함은 내게 아쉬움 이상의 기쁨을 주었다.

나는 더 이상 젊지 않다. 그러나 바둑은 계속된다. 노력하면 어쩌면 다시 이길 수 있는 날이 올지도 모른다.

오래 앉아 있었다면 이제 걸어라

내가 바둑과 함께 하루도 거르지 않고 늘 하는 일 중의 하나가 바로 등산이다. 등산이라고 하니 등산복에 장비까지 갖추고 국내외 명산을 찾아다니는 거창한 취미를 떠올리는 사람이 많겠지만 내가 하는 등산은 그냥 소박하다. 티셔츠에 면바지 차림, 여기에 수건 하나 두르고 등산화만 신으면 모든 준비가 끝난다.

목적지는 언제나 집 앞에 있는 북한산이다. 1991년 창호를 내보내고 북한산 자락으로 이사 오면서부터 대국이 있는 날을 빼고는 거의 날마다 산에 올랐다.

사실 등산을 시작한 건 그보다 훨씬 오래전부터다. 바둑 기사들이 스트레스가 많은데 그걸 푸는 방법은 마땅치 않다. 술을 마시는 사람도 있고 도박을 즐기는 사람도 있는데, 이왕이면 건전한 방법으로 풀고 싶었다. 마침 몇몇 선배들과 마음이 맞아서 등산 동호회를 만들게 되었다.

우리는 매주 일요일 종로4가에 집합하여 도봉산으로 향했다. 비가 오나 눈이 오나 일요일은 도봉산에서 보냈다. 매년 한두 번은 지리산, 설악산, 월출산 등 장거리 산행도 다녀오곤 했다.

하지만 시간이 흘러 먼 곳으로 이사를 가거나 건강이 나빠지는 사람들이 생기면서 자연스럽게 등산 모임이 해체되었다. 마침 그즈음 나도 이사를 하게 되어 그때부터는 매일 이렇게 나홀로 산행을 하고 있다.

왁자지껄했던 단체 산행에 비하면 나홀로 산행은 좀 외롭다. 하지만 장점도 많다. 거창하게 약속을 잡을 필요 없이 언제든 내 편한 시간에 나설 수 있다. 멀리 갈 필요 없이 우리 동네 산을 오르면 되니까 시간도 단축된다. 또한 다른 사람의 속도에 맞출 필요 없이 내 속도로 걸을 수 있어 좋다. 힘들면 쉬기도 하고, 내키면 힘껏 속도도 내본다. 어떤 날은 좀 욕심을 내서 높이 오르기도 하고, 어떤 날은 짧게 올랐다가 하산하기도 한다.

가장 큰 장점은 뭐니 뭐니 해도 온전히 혼자만의 시간을 가질 수 있다는 점이다. 물론 집에서도 혼자 있을 수 있다. 그러나 자연 속에서 무작정 걸으면서 혼자 보내는 시간은 질적으로 다르다. 완전한 고요가 찾아오는 것이다.

처음에는 이런저런 생각을 했다. 풀리지 않는 바둑 수, 치러야 하는 대국 스케줄, 이긴 바둑과 패한 바둑 등 많은 생각에 사로잡혀 머릿속이 어지러울 때도 있었다. 하지만 험한 길을 헉헉거리며 계속 오르다 보면 어느 순간 아무 생각도 떠오르지 않는 때가 찾아온다. 승부에 대한 초조함도, 일상에 대한 이런저런 고민도, 그밖의 모든 잡념도 사라진다. 마침내 조훈현이라는 내 자아까지도 사라진다. 그저 두 발로 산을 오르고 있는 몸뚱아리가 있을 뿐이다.

이렇게 완전히 나를 잊어버리고 오직 산을 오르는 데에만 집중하다 보면 이상하다 싶을 만치 마음이 평화로워진다. 몸에서는 땀이 나고 숨이 가쁘지만 전혀 힘들지 않다. 오히려 가뿐하고 에너지가 샘솟는다.

내가 40~50대에도 한 해 100국 이상의 대국을 치르고 간혹 좋은 성적을 낼 수 있었던 것도 어쩌면 날마다의 등산이 선물해준 체력과 지구력 덕분이었는지도 모른다. 모든 것은 체력이다. 바둑을 가만히 앉아서 머리만 굴리는 지능 스포츠라고 생각하면 오산이다. 마지막 한 수를 둘 때까지 고도의 집중력을 발휘하며 버텨내려면 체력이 있어야 한다. 실력 다음은 체력이고 체력 다음은 정신력인데, 정신력조차도 결국은 체력에서 나온다.

등산을 통해 날마다 나 자신을 잊어버리고 모든 잡념을 비우는 습관이 바둑에도 일상에도 큰 도움이 되었다. 하루에 단 한 시간이라도 해야 할 일과 목표, 의무, 중압감 등에서 벗어나는 훈련은 정신의 폭을 넓혀주는 효과가 있다. 도인처럼 모든 것을 초월할 수는 없겠지만 그래도 실패와 충격, 시련 등을 견디는 데에 훨씬 의연해진다.

물론 꼭 등산일 필요는 없다. 나에겐 등산이었지만 누군가에겐 가벼운 조깅일 수도 있고, 수영이나 축구일 수도 있다. 중요한 건 몸과 마음의 균형이다. 정신과 육체는 별개가 아니다. 이 둘은 서로 상호 의존하고 보완하며 하나를 이룬다.

특히 요즘처럼 과중한 업무와 컴퓨터, 스마트폰 등으로 정신이 혹사당하는 시대일수록 밖으로 나가서 걸어야 한다. 날마다 걸을 수 없다면, 적어도 주말만큼은 짬을 내어 가까운 공원이나 산으로 나가자. 조금 힘들다 싶을 정도의 속도로 아무 생각 없이 걷다 보면 어느새 머릿속을 채웠던 모든 걱정 근심이 사라지는 것을 느낄 것이다.

지는 태양은 떠오르는 태양에게 하늘을 내주어야 한다.

억울할 것도 없다.

누구나 그 불타는 젊음을 가져본 적이 있지 않은가.

이미 실컷 가져보고 누려보았으니 부러워할 이유가 없다.

10단

생각을 위한
여백을 확보하라

할 수 있는 일보다 해야 하는 일에 집중하라

정신없이 바쁘게 돌아가는 디지털 세상에서 남녀노소 할 것 없이 필수로 여기는 것이 휴대폰일 것이다. 요즘은 단순히 전화를 걸고 받는 걸로도 모자라 이메일을 읽고 오락을 하고 업무까지 보는 스마트폰을 너도 나도 갖고 다닌다.

하지만 나는 스마트폰이나 휴대폰은커녕 운전면허증도 없다. 사실 운전면허증이 없는 이유는, 궁색한 변명일지 모르지만 운전을 배운 적이 없기 때문이다. 우리 세대의 남자라면 20대 초반에 따는 것이 당연한데, 나는 그 시절에 워낙 대국이 많아서 운전을 배울 여유가 없었다. 그러다 보니 서른이 넘었고, 그러다 보니 아내가 운전해주는 차에 올라타는 데에 익숙해졌다. 요즘은 아내가 기력이 달려서 딸이 운전사가 되어주기도 한다.

많은 사람이 어떻게 휴대폰 없이 살 수 있는지 의아해한다. 중요한 연락을 어떻게 주고받느냐고 묻는 사람도 많다. 다 방법이 있다.

우선, 나는 전화할 일이 거의 없다. 약속을 많이 잡지 않으며 일단 잡히면 변경 없이 그대로 지킨다. 오히려 상대방이 약속을 변경하느라 나를 찾는 일이 많다. 하지만 그 경우도 대개는 내가 집이나 기원에 있기 때문에 둘 중 한 곳으로 연락을 주면 통화가 된다. 만일 다른 곳으로 외출을 하면 그때는 아내가 집에서 내 전화를 받아준다. 아내까지 외출을 하면 그때는 아내의 휴대폰으로 연락이 간다. 이런 식으로 하면 시간은 좀 걸리지만 그래도 중요한 얘기는 다 전달하고 전달받을 수 있다. 한번은 대회 때문에 중국에 나가서 어느 식당에서 점심을 먹고 있었다. 놀랍게도 식당으로 나를 찾는 전화가 걸려왔다. 내가 그 식당에서 식사하는 걸 도대체 어떻게 알고 전화를 했을까. 알고 보니 아내를 거쳐, 기원을 거쳐, 호텔을 거쳐, 또 누군가를 거쳐, 물어물어 내가 있는 곳을 찾아낸 것이었다. 이처럼 중요한 연락은 어떻게든 오게 되어 있다.

휴대폰이 불필요한 물건이라고 말하려는 건 아니다. 다만

10단

없으면 큰일 난다는 생각과는 달리 조금 불편하기는 해도 얼마든지 살아갈 수 있다는 말을 하려는 것이다. 휴대폰이 나오기 전에도 우리는 안부 전화를 하고 약속을 하고 중요한 의사를 전달하며 살았다. 오히려 언제든 연락할 수 없는 시대였기에 말 한마디 뱉는 데에 더욱 신중했고 약속의 무게에 대해서도 정확히 인식했다. 반면에 요즘 사람들은 언제든 연락할 수 있다는 편리함 때문에 너무 쉽게 약속하고 너무 쉽게 그것을 번복한다. 디지털 문명의 편리함에 취해 사고의 깊이와 신중함을 잃어버린 것이다.

언젠가 딸에게 스마트폰이 휴대폰과 뭐가 다르냐고 물은 적이 있다. 딸의 대답은 실시간으로 이메일을 체크할 수 있고, 여러 사람이 함께 문자를 주고받을 수 있으며, 전 세계 사람들을 상대로 자신의 이야기를 전하고 친구를 사귈 수 있다는 것이었다. 놀라운 기계인 것은 분명하지만 한 가지 의문이 들었다.

'왜 그렇게 하며 살아야 하지?'

다른 이유가 없다. 그렇게 할 수 있기 때문에 하는 것이다. 그러한 기술이 개발되고 그것을 가능하게 하는 기계가 있기 때문에 하는 것이다. 할 수 없었다면 하지 않았을 것이고, 꼭 필요하다고 생각하지도 않았을 것이다. 실시간으로 체크하는 이메일 중에 정말 실시간으로 꼭 봐야만 하는 이메일이 몇 통이나 될까. 수많은 문자 중에 정말로 반드시 주고받아야 하는 게 얼마나 될까. 지금 당장 검색하고 읽어야 한다고 생각하는 정보도 사실은 좀 나중에 찾아봐도 아무 문제가 없는 것이 아닐까.

더 큰 문제는 이처럼 얼마든지 나중에 해도 되는 일들에 몰두하느라 진짜 중요한 일을 해야 할 시간이 사라진다는 것이다. 업무에 온전히 집중하는 시간, 혼자서 조용히 보내는 사색의 시간이 사라진다. 꼭 스마트폰만이 아니다. 아무 생각 없이 켜놓은 TV, 라디오에서 흘러나오는 노랫소리, 쓸데없는 잡담, 쏟아지는 광고, 연예인에 대한 의미 없는 루머 등 우리의 주변은 집중과 사색을 방해하는 것들로 빼곡하게 채워진다. 그 결과 우리는 점점 생각할 시간을 잃어버린다. 심지어 침묵의 시간이 주어지는 것을 어색해한다. 그래서 별 용건도 없으면서 친구에게 전화를 걸고, 문자를 보내고, 시끄러운 유행가를 틀어놓고, TV의 볼륨을 높여놓는다.

하루에 단 10분이라도 휴대폰을 끄고 음악도 끄고 그 어떤 것으로부터도 방해받지 않는 시간을 가져보는 건 어떨까. 꼭 거창하게 뭔가에 대해 생각을 정리해야 하는 것은 아니다. 아무 생각 없이 눈을 감고 그냥 멍하게 있어도 좋다. 다른 아무엇도 없이 온전히 나 자신과 대면할 수 있는 시간, 자신과 대화할 수 있는 정적의 시간이 우리에겐 절실히 필요하다.

창의적인 생각은 머릿속이 오만 가지 생각으로 채워져 있을 때는 결코 떠오르지 않는다. 오히려 다 비워내고 멍하게 있는 순간에 번쩍 떠오른다. 날마다 방해받지 않는 생각의 시간을 가지면 예전보다 짜증도 덜 내고 차분해지고 훨씬 긍정적이고 창의적인 사람이 될 수 있을 것이다.

나는 어린 시절부터 바둑에 집중하느라 많은 것을 끊고 살았다. TV와 신문도 잘 보지 않았고, 전화도 거의 최소한으로만 사용했다. 덕분에 혼자서 바둑과 씨름할 수 있는 시간을 확보할 수 있었다. 또한 어떤 소음도 잡음도 없는 환경에서 깊게 생각할 수 있는 시간을 무한대로 가졌다. 휴대폰을 갖지 않는 것도 방해받지 않고 일상에 더 잘 집중하기 위해서다.

혹시 우리가 늘 시간에 쫓기고 일을 마무리 짓지 못하는 것은 방해받는 환경을 스스로 자초하기 때문이 아닐까. 아무 생각 없이 켜놓은 문자 알람과 노랫소리, TV의 잡음, 수시로 걸려오는 친구의 전화에 일일이 응답하느라 정작 해야 할 일에 집중할 시간을 빼앗기고 있는 것은 아닐까.

생각을 위한 여백을 확보하라

고독 속으로 들어가라

세월이 많이 흘렀지만 아직도 기자들과 인터뷰를 하면 꼭 이런 질문을 듣는다.

"대국에서 질 경우 그 패배를 어떻게 견디셨나요?"

답이 없는 질문이다. 그냥 견뎠을 뿐 '어떻게' 견뎠는지는 나도 모르기 때문이다. 비결은 없었다. 늘 힘들었지만 시간이 흐르면 조금씩 괜찮아졌다.

하지만 "그 시기를 무얼하며 보냈느냐"라고 묻는다면 조금 떠오르는 기억들이 있다.

나는 혼자 보냈다. 아무도 만나지 않고 아무 약속도 잡지 않고 혼자 있는 시간을 가졌다. 대국이 많을 때는 이마저도 허용되지 않았지만 그래도 시간이 될 때마다 혼자 있으려고 노력했다. 때로는 아내와 아이들로부터도 떨어져 몇 시간을 나 혼자 있기도 했다. 아무 말도 하지 않고 아무것도 하지 않고 그렇게 몇 시간을 보내고 나면 상처가 조금씩 추슬러져서 문을 열고 나와 세상과 다시 만날 용기를 낼 수 있었다.

누군가가 그랬다. 고독은 스스로 혼자이고자 선택하는 것이라고. 고독도 고립도 혼자 있는 상태인 것은 똑같지만, 고독은 고립과 달리 내면의 자아와 대화를 나누는 상태이기 때문에 고통스럽고 무의미한 시간만은 결코 아니라고.

뭔가를 이루기 위해서는 고독 속으로 들어가는 과정이 필요하다. 모든 성공한 사람은 고독 속에 자신을 떨어뜨린다. 이들은 일부러 세상과의 접촉을 차단하고 오랜 시간 홀로 자신과의 싸움을 벌인다. 모든 위대한 작품, 뛰어난 실력은 고독을 통해 탄생한다. 혼자서 고민하고 사색하고 연습하는 시간 없이 어떻게 실력이 쌓일 수 있을까.

사람들은 성공의 화려함만 본다. 사람들에 둘러싸여 능력을 발휘하고 박수를 받는 명망 높은 의사, 승소율 높은 변호사, 유명한 CEO의 모습만 동경한다. 그 위치에 오르기 위해 그들이 얼마나 많은 밤을 지독한 고독에 갇혀 보냈는지에 대해서는 주목하지 않는다.

바둑 기사는 고독을 등에 지고 사는 사람이다. 바둑을 공부하는 과정도 고독이고 승부를 펼치는 과정도 고독이며 그 결과를 받아들이고 극복하는 과정도 고독이다. 하소연할 수도 누군가와 나눌 수도 없다. 혼자 감당해야 하고 오히려 그 안에서 위안을 찾아야 한다. 더 강해지기 위해서, 패배의 아픔을 극복하기 위해서, 우리는 기꺼이 고독이라는 컴컴한 동굴 속으로 들어간다.

어느 철학자는 "강자란 보다 훌륭하게 고독을 견디어낸 사람"이라고 말했다. 또 "고독할수록 자유롭고 고독할수록 강하다"라고 말한 사람도 있다. 나는 우리가 인생을 보다 지혜롭게 헤쳐나가고 꿈에 더 높이 다가가려면 실력과 더불어 내면의 성숙함이 반드시 따라와야 한다고 생각한다. 이를 위해 우리는 더 많이 혼자 있고 더 많이 외로워야 한다. 더 많이 생각할 시간을 가져야 한다.

10단

프로 데뷔 60년 후,
여전히 길은 이어진다

바둑 프로에 데뷔한 지 60년이 지났다고 한다. 60년을 넘어섰다는 사실도, 그것이 기념할 만한 일이란 것도 주변에서 자꾸만 소회를 물어와서 알았다. 내가 피우는 담배의 상표조차 대중의 관심을 끌던 전성기 시절도, 조용히 집에 머물다 1년에 몇 번 대회에 나갈 뿐인 지금도, 사람들은 내게 낯부끄러운 미사여구들을 붙이며 추켜세운다. 그렇게 뜨거운 스포트라이트를 받으며 바둑 인생을 살고, 수많은 인터뷰를 하고, 책도 내고 개정판의 맺음말까지 쓰게 됐다. 나한텐 모두 부끄러운 일이다.

내 이름엔 '승부사'라는 단어가 오랫동안 따라붙었다. 공격적인 전략을 쓰기로 유명했고 상대방에게 틈이 생길 때까지 끈질기게 버텨 결국 승리를 쟁취해내곤 했으니 그럴 만하다. 그 모습을 기억하는 누군가에게 지금의 내 모습은 낯설지 모른다. 승부사로서의 길은 끝났다고 생각한 지도 벌써 십여 년쯤 지났기 때문이다. 50대 중반, 젊었을 때는 상상하지도 못할 실착이 한두 번 나왔고 나는 빠르게 승부사 조훈현의 끝을 인정했다. 스스로 놀랄 정도로 담담했다. 이제 나의 도(道)는 다른 국면에 들어섰다는 생각이 들 뿐이었다. 내게 주어진 승부의 도에 할 수 있는 최선을 다했기 때문에 미련은 없었고 앞으로 펼쳐질 조금 다른 도에도 최선을 다할 자신이 있었다.

이제 나는 승리가 아닌 다른 목표를 가지고 있다. 내 삶을 이끌어줬던 생각을 다른 사람들에게 전하는 것이다. 그것이 내 생각의 스승들에게 은혜를 갚는 일이며 이 세상에 내가 남길 수 있는 가장 값진 유산이기에 어쩌면 내 인생 최대의 승부처가 될지도 모르겠다. 앞에서도 말했지만, 인생은 결국 자신만의 도를 치열하고 끈질기게 나아가는 것이다. 말로는 이 문장의 중요성이 충분히 전달되지 않는다는 것을 안다. 그렇게 살아가는 누군가를 바라보며 마음속에 자연스레 새겨지고 또 직접 살면서 깨달아야 한다. 나 또한 위대한 스승들과 훌륭한 선배, 동료, 후배의 인생길을 지켜보며 이 생각을 배웠고, 일평생 깨달았으며 깨닫고 있다.

삶으로 보여주는 것. 그것이 진정 좋은 생각을 전하는 유일한 방법이기에 부끄럽지만 내 인생을 이 책에 펼쳐놓았다. 좋은 영향을 끼칠 부분을 신중히 골라 담았지만 그럼에도 매우 부족하다. 독자들이 이로운 생각만을 현명하게 걸러 취해줬으면 한다.

그리고 부디, 이 책의 독자들은 조금 더 자신의 도에 최선을 다하게 되기를 바란다. 그리고 그 도, 그 삶을 통해 더 멀리, 더 깊게, 더 넓게, 더 치열하게, 더 아름답게 생각하는 법을 세상에 널리 흘려보내기를 바란다. 그것이 지금 내 유일한 소망이다.

마지막으로 오래전 인터뷰 중 했던 말을 공유하고자 한다. 내가 그런 말을 했다는 것도 잊고 있었지만, 최근 한 지인이 우연히 인터넷에서 봤다며 보내줬다. 내가 내 말을 인용하자니 민망하지만, 오늘 내가 다시 나에게 그리고 이 책을 읽는 모두에게 들려주고 싶은 말이기에 여기에 적어본다.

"치열하게, 지금 내가 놓고 있는 한 판에 몰두하듯, 내가 사는 하루하루에 모든 것을 쏟아부으시길 당부합니다."

고수의 생각법

한국 최고의 승부사 조훈현의 삶의 철학

초판 1쇄　　2015년 6월 15일
초판 8쇄　　2022년 5월 20일
개정판 1쇄　2023년 6월 23일
개정판 4쇄　2024년 10월 2일

지은이 | 조훈현

발행인 | 문태진
본부장 | 서금선
편집 1팀 | 한성수 송현경　　띠지사진 | 임익순

기획편집팀 | 임은선 임선아 허문선 최지인 이준환 송은하 김광연 이은지 장서원 원지연
마케팅팀 | 김동준 이재성 박병국 문무현 김윤희 김은지 이지현 조용환 전지혜
디자인팀 | 김현철 손성규　　저작권팀 | 정선주
경영지원팀 | 노강희 윤현성 정헌준 조샘 이지연 조희연 김기현
강연팀 | 장진항 조은빛 신유리 김수연 송해인

펴낸곳 | ㈜인플루엔셜
출판신고 | 2012년 5월 18일 제300-2012-1043호
주소 | (06619) 서울특별시 서초구 서초대로 398 BnK디지털타워 11층
전화 | 02)720-1034(기획편집) 02)720-1024(마케팅) 02)720-1042(강연섭외)
팩스 | 02)720-1043　전자우편 | books@influential.co.kr
홈페이지 | www.influential.co.kr

ⓒ 조훈현, 2015, 2023

ISBN　979-11-6834-111-1　(03190)